氣味 拾光機

重新拾起對鼻子的依賴
找回那些逝去的嗅覺回憶

蘇冠心、楊佳靜　著

推薦序　用氣味認識社會

交通大學客家文化學院院長　張維安

大四的畢業展，是國立交通大學客家文化學院傳播科技學系的傳統，今年的畢展主題CTrl+s（永久保存），保存同學們四年成長的記憶，也替社會留下記錄。畢展作品多元，論文、電子書、遊戲、行銷計畫、紀錄片、微電影、劇情片都有。《氣味拾光機》是一本光看書名猜不出內容的書，也是一本打開第一頁就讓人想一直看下去的書。

氣味的記憶是非常個別性的知識，沒有體驗就無法言說，不同的氣味連接不同的記憶，也連接著不同的故事。氣味除了作為個人性體驗記憶之外，也有其可分享的一面，個人的記憶是歷史的記憶，甚至是族群的記憶基礎。本書的氣味記憶有濃厚的田野味道，冠心和佳靜的文筆細膩，對寫作的對象觀察入微。九個議題刻劃了冠心和佳靜萬里尋蹤的記憶、文脈中主角的記憶及其社會的記憶，以文字保存的方式活化記憶的內容，是一種相當獨特的作法。

本書所述九個氣味都是產業，但不只是產業，作者通過九個氣味主題展開了九種文化記憶的論述，通過氣味分析背後的生活世界、社會變遷以及人情冷暖，作者用影像、文字記錄歷史的氣味，這些氣味的記憶卻迴盪在真實世界之中，是一本令人眼睛發亮的作品。

推薦序　微小而深具意義的事

電影導演　林靖傑

這是一本令人驚豔的小書，透過九種與生活息息相關的味道，用小說式筆法尋找有關氣味的記憶，集結成一個台灣庶民生活小史。而更令人驚豔的是，這本書是兩位八年級生（中國的說法是九〇後）寫的。當我們一直在感嘆這個世代的年輕人，是活在一個網路與自我行銷的時代，價值取向和人生態度，普遍傾向急功近利、輕薄短小、零碎片段，愛好行銷時尚流行、懶於回顧過去歷史……。這時，我們看到兩位即將踏出大學校園的八年級小女生，誠誠懇懇、安安靜靜地跟你娓娓道來這些一直存在於台灣庶民生活中，源遠流長，跟氣味有關的動人小故事，然後你覺得你不該誤解年輕人，你不該覺得網路與行銷的世代就是如何如何，你該很高興地知道，世世代代都有這麼可愛的年輕人，默默在台灣各個角落裡，安靜地做著微小而深具意義的事。而這微小而深具意義的事，多麼令人振奮。

這兩位年輕作者，因為不跟著整個時代的躁動起舞，因而我們得以在這本書中看到他們透徹的觀照：爆米香小販城鄉遊牧的流浪身世、臭豆腐連結起的濃烈鄉愁、透過粗礪勞動瀰漫幽香的樟腦……。每每看完作者用深情慧眼去觀照這些小人物的生命故事，並提煉出深刻的生活哲學，總不禁令人掩卷嘆息，既讚嘆年輕作者的心思慧敏，文筆細膩，同時又受惠於作者說故事的能力，把生活在台灣的我們，共同帶進那用氣味匯流而成的記憶之海裡，沉吟良久。

這絕對是一個非常值得繼續嘗試下去的書寫，期待兩位年輕作者，繼續為我們尋找這塊土地上，縈繞在每個人生活周遭的，動人的氣味故事。

本文作者知名作品有《最遙遠的距離》、《尋找背海的人》

編者序　味道的情感記憶

交通大學傳播與科技學系系主任　張玉佩

味道的美麗，就在於那稍縱一逝的身影，迴旋之間，若隱若現。既是客觀的存在，又得透過主觀的描述成形。

然而，濃烈的情感記憶，總也經常伴隨著味道而來。

我在十歲時罹患猛爆性肝炎，幾近昏迷地送入加護病房，醒來後的第一印象是母親站在加護病房紗窗外的凝視臉龐。當時我已經入院三天，身上滿是鬱悶而沉重的體味，再加上慘白病房裡藥片、點滴、消毒水等冰冷苦澀味道，陌生、恐懼、焦慮瀰漫在空氣之間。然而，母親看到我醒來，笑意綻開地向我遞出一枚茉莉香包。那時正值端午節前後，我從幼兒書看到端午節要配戴香包避邪，於是，跟前跟後在忙碌不堪的媽媽身邊吵得也要一個香包，媽媽一直沒有答應。拙於女工的媽媽不知道從哪裡買來一個精緻細巧的茉莉香包，清新淡雅花香一路過關斬將地闢開邪惡的病房味與病人味，宛如來自天國的一道溫暖光芒。

是的，訴諸於感官知覺的氣味，與情感記憶是相互連結的鎖鍊。此種情感鎖鍊是根植於血肉與土地，是在生命經驗裡的成長回憶。懷抱著這樣的想法，本書的兩位作者，交通大學傳播與科技學系第六屆學生蘇冠心與楊佳靜，運用大四畢業製作的機會，前往台灣的各個鄉鎮，蒐集各個關於土地氣味的人情故事。於是乎，她們聆聽了內灣阿婆野薑花粽的起源、深坑臭豆腐的家傳奮鬥、銅鑼樟腦業在現代社會的生存掙扎、新竹香山玉蘭花家族的情感…等，帶著滿滿感動經驗回來，串連起家鄉氣味的寫作故事。

這樣奔波於台灣鄉鎮採集人生經驗的過程，整整持續了半年。在這半年期間，我常常扮演著微笑聆聽她們故事分享的對象，看著兩個二十出頭的女孩興高采烈地分享著因為連喝眾多家小米酒而醉倒在五峰鄉泰雅頭目客廳的經驗，我的內心很是開心，甚至感到一絲安慰。多年來的學術經驗告訴我，挾帶著資本主義色彩的全球化媒體影像正衝擊著台灣社會的各個角落，但是，即便如此，我們仍然可以培育出關懷在地家鄉人情世故的青春學子，這是一份相當撫慰人心的感動。這本書，充分展現對於台灣濃厚土地氣味的悸動，獻給所有曾經在這份土地上生活與努力的人們。

本文作者為本作品指導老師

自序 除了青春以外的書寫可能

交通大學傳播與科技學系102級 蘇冠心

對於這本書能夠出版，心中充滿無限的感謝，希望過去半年中探訪的九種氣味，能藉由實體書溫暖的觸感，帶給讀者更為飽滿的感受。

在文章開始之前，我想先談一些與氣味無關的事。我們是媒體口中的八年級生，小學便開始接受電腦教育，從國、高中流行的部落格，到大學時代風靡的微型網誌，我們試著快速地融入每種網路媒介，但我們筆下所談的主題卻越來越狹隘。一開啟Line，一堆短句參差堆疊，滑鼠點開Facebook，點讚人數往往多於發文字數，看到「更多」兩字點下去的人，恐怕剩不到五成。

現代生活五花八門的通訊軟體，也許使我們更容易找到對方，但我不確定是否我們的心更加接近，事實上，我竟突然懷念起以前過去曾掛在無名小站上的時光。透過文章字裡行間的情感傳遞，我們得以了解他人的生活與心情，即使許多人寫的僅是日常生活的普通經驗，他日再讀竟也像短片一般栩栩如生浮現腦海。也許這樣的記錄，算不上是什麼美感經驗，卻是真實而不造作的，每個當下所寫，都凝聚成未來的面貌。

《氣味拾光機》這本書記錄了我與佳靜大四一年的足跡，透過台灣各地氣味的採訪與改寫，探訪氣味在不同人生中所扮演的角色，進而引領讀者回想，專屬於自己的氣味回憶。

本書皆為真實案例改寫的故事，感謝所有受訪者，你們的慷慨相授，是我們寫下每一個字的動力，也感謝最親愛的家人、老師、朋友們一路上的鼓勵，另外也感謝交大出版社的協助，讓本書得以與更多讀者見面。

《氣味拾光機》獻給每一個曾經與我們一樣，在無名小站上寫下無數個日子的你。希望你也能與我們一起思考，自己走過的歲月，留下了什麼樣的氣味回憶？

自序
一場嗅覺的華麗冒險

交通大學傳播與科技學系102級　楊佳靜

人類是依靠視覺生存的動物，在五個感官中，眼睛被視為靈魂之窗。除此之外，音樂家依靠耳朵，廚師仰賴舌頭，人們多著重於聽覺與味覺的美學享受，相對地，鼻子是常被忽略的一種感官，卻是許多動物賴以為生的官能工具。

每當聞到熟悉的氣味，是否會打開隱藏在你內心深處，某一道回憶的鎖？潛意識中那層淺淺的記憶圖象，被氣味喚回，再度浮現於腦海之中。嗅覺的奧妙，在於它是一個不受距離左右，就能被感受的知覺。當你聞到咖啡濃郁低迴的香味，即使雙眼還沒看到丁點畫面，一杯熱騰騰的咖啡影像早已顯現在腦中。

這是一本有關氣味的回憶錄，我們走訪全台各地，蒐集各種味道的故事和回憶，希望將當下的感動與體悟，以短篇小說的方式重新詮釋。讓無形無色的氣味，轉化成雋永的文字，而不再只是隨風慢慢消逝。

氣味難以捉摸，卻早已在隱隱之中深入我們的生活之中。在本書中，我們一方面希望喚起眾人對嗅覺感官的重視，一方面想藉此滿足創作的渴望，兩人輪流主筆不同篇章，並且為每一篇張繪製簡單的插畫作搭配，同時擔任對方的攝影。從頭到尾分工合作，在大學生涯的最後一年完成一本屬於自己的著作，為輕狂的學生時代劃下美好的句點。

迴盪在風與記憶之間

遊覽城市的過往

而我明白

上映的時光總是短暫

壹、迴盪在風與記憶之間

野薑花粽

小米酒

野薑花粽

圖文／蘇冠心　攝影／楊佳靜

架上一綑綑的野薑花粽在風中擺晃，像母親總懸著一顆心，細數子女的歸期。

那時候的小鎮，夜特別沉，星特別明。

在眾人嘈雜的歡呼下，第一班開往小鎮的列車緩緩駛入月台，一場無形的改變正像沙塵暴無情地席捲而來，逐漸佔領整座小鎮。

民國四十年，一列列滿載著林木與煤礦的貨運列車是這座小鎮的命脈，汽笛的嘟嘟聲與小鎮旺盛的生命力相互輝映，彎過鎮上的黃金年代，不停地向前駛去。看似充滿生命力的開端，卻只能以留不住的遺憾收場，就像擊出一記原以為能全壘打的高飛球，卻被突如其來的一陣風吹離，頹然落入外野手的手套裡，留下滿局殘壘。

只有野薑花，毫不知情地繼續在溪谷綻放，隨風搖曳，如蝴蝶般翩翩起舞……

鎮上郵局隔壁是一家雜貨鋪，瘦小的老闆娘聖美正獨守著櫃台，托著腮幫子，百般聊賴地看著店門口前綿長的鐵軌發愣。聖美還小的時候，鐵路還沒開通，當時客運是鎮上對外唯一的交通工具，每當搭上客運，從車窗外望去，就能看到遠方綿亙著翠綠的李棟山，山前的油羅溪緩緩淌過這片大地。

彼時這裡的溪谷坐擁大片野薑花海，淡雅的清香深受當地人喜愛，順理成章地成為當地的村花。野薑花具有堅毅的韌性，不需要特別的施肥，只要一些濕潤的水氣與一小片土壤就能生長得極好，正呼應鎮上人家樸實的性格。

嫁入此地後，聖美便與野薑花結下不解之緣。那時她才剛滿二十歲，丈夫希望就近照顧婆家，便帶著年輕的她返鄉，在中正路上開了間雜貨鋪，經營點小本生意。

雜貨鋪後方是婆家的稻田，也兼種些蔬菜與野薑花，每到五月時分，稻田間便會開出朵朵純白潔淨的花，風帶著薑科植物的幽香穿越長廊，讓早晨在店內忙著上架貨品的聖美心情也跟著變好，常忍不住輕聲哼起歌來。

待店內雜事處理完後，聖美便換上黑色塑膠雨鞋，準備開始整理田地。公婆身體狀況差，丈夫有時又得開車出去送貨，一去便是一整天，繁雜農事自然落到她的身上。她推開柵門，視察作物的生長情形，只見野薑花純白的花朵在一片稻穗中隨風搖曳，格外顯眼。野薑花是淺根性植物，細根緊附在泥土之上，若不除去老根，隔年老根便會盤踞整片泥土，使新根無空間抓地，因此她的例行工作之一，便是細心除去野薑花長的過度跋扈的根，讓新長出來的根能吸收泥土的養份。

長久以來，鎮上多為務農世家，利用良質的山泉水傍山種稻是常態。她嫁來不久後，台灣被日本佔領，軍方意外發現當地地底蘊含豐富的煤礦資源，除此之外，小鎮林木繁盛，尤其盛產台灣檜木，深受日人喜愛。便率隊浩浩蕩蕩地來此開墾，展開殖民地式的經濟掠奪。

當時，鎮上的人力幾乎全數投入林礦業。雖然林礦業的薪資條件好，甚至可達公務員薪資的兩倍以上，但相對地工作風險也較高。其中最具危險性的工作即為木馬工人。木馬是一種運輸工具，工人砍下山林珍貴的檜木與梢楠後，便得利用這種由兩根六尺長的木頭所綁緊的雪橇狀工具，在上面用繩子綁上木柴後，沿著林道鋪設的枕木拖送下山，再由林務局統一運往鎮外。

拖拉木馬的工作，通常由夫妻倆人一組進行，妻子在後面推，丈夫在前方拉。但林道彎曲陡峭，木材的重量又從百斤到千斤不等。下山時的力道假如沒控制好，前方的人便會連人帶馬地摔落山崖，或是遭木材碾斃，造成當地不少男人在運送的過程中喪命。另一方面，以男性為主的礦工也都是用生命在攢錢的，礦坑坍塌或氣爆事件是常有的事，他們只能在地底的黑暗深處不斷祈禱，平安度過每一個今天。

面對高風險的職業傷害，這裡的男人把每一天都當作是生命中的最後一天，他們對自己的生命缺乏安全感，只能把握活著的每一刻及時行樂。下工後五光十色的酒館、茶室與戲院，是他們每天的精神寄託。每當夜晚降臨，鎮上絢爛多采的燈光比天上的星星還亮出好多倍，讓四〇年代的小鎮，瀰漫著一股紙醉金迷的氣氛，甚至在當時還有「小上海」的美名。

凡是隔天要上山伐木與採礦，或剛領完薪資的工人，必定會在鎮上歇息一晚，於是旅社便如雨後春筍般四處林立，短短兩百公尺的街道上，就開了好幾十間旅社，雜貨鋪的生意也跟著扶搖直上。當時年輕的聖美，為了公婆的醫藥負擔，偶爾也與丈夫一同應徵粗重的臨時工，凡舉木馬工人、水泥工…等，任何工作機會都不放過，兩人常一起忙到三更半夜，才灰頭土臉地返家。她瘦弱的身軀在一群壯碩的男人之中，顯得更為渺小。

不只農民看天吃飯，暴雨對伐木工與礦工來說，更像無情的劊子手，點點滴滴滲進土石之中。等到時候一到，土石便蠢蠢欲動，以迅雷不及掩耳的速度洗刷山壁，也洗去工人存在的證明，留下山腳下一具具冰冷的身軀。由於山區長期受伐木的影響，缺乏植被鞏固土壤，一起起的山林悲歌，讓政府決定禁止伐木；另一方面，礦坑開採的深度越來越深，難度也越來越高，不論是地震造成支撐柱倒塌，或不定期的氣爆事件，多次的礦災也讓政府下令停採，準備做封坑的處理。

未知的危險，蟄伏在山林間的每一處角落。（歷史照片來源／建中藥局）

隨著林礦產業的沒落，鎮上人口開始大量外流，年輕勞動者一窩蜂地往市鎮移動，聖美的兒子也不例外。兒子高中畢業後，就在外地擔任工廠作業員，鮮少有時間回鎮上，兒子上次回家她才赫然發現，不知道什麼時候開始，兒子已經比她高出一顆頭。她只能不斷安慰自己，兒子在外謀生也辛苦，做父母能做的只有把思念往肚裡吞，才不會給兒子添麻煩。

兒子成家立業後，丈夫決定把雜貨鋪給收了，鎮上早已不復當年繁華，原本熱鬧的街道見不到幾處攤棚，稀疏的人潮更讓人覺得過去的一切恍如海市蜃樓。聖美夫婦倆一起靠著微薄的務農收入維生，孤伶伶地與田地作伴，一天天平淡的日子將聖美催老，有一天她望向鏡子的自己，突然驚覺，自己年輕時自豪的光滑臉蛋不知何時早已皺紋滿佈。

鎮上的老人，一天一天的衰老，

像長期被風雨侵蝕的月台邊界上，留下的磨礪刮痕。

§

客家女性，被稱為永恆的女性，擁有堅毅、勤勞，而且勇敢的特性，為了自己心中渴望守護的人，可以不計代價的付出。

同是客家女性，李淑慧一來到小鎮上，便感受到鎮上的客家女人似乎特別強勢。並不是說這些女人霸氣，而是她們的腦筋動得快，有膽量嘗試新事物，腦中才剛形成的想法，不到半晌便脫口而出，但李淑慧就是欣賞客家女性這種不退縮的精神。

李淑慧在鎮上的國小教書，大家都管叫她李老師，搬來鎮上的時候她才二十來歲，原本還想找機會調職他處，沒想到卻被這小鎮的風光給留住，一待就是三十幾年。她所任職的樹仁國小，是鎮上唯一一間學校。

赭紅色的跑道上，映著一旁樟樹高大的影子，葉子隨風搖晃，光影錯落其間，前方是軌道的終點，從葉片的縫隙間，可以看到舊時磅秤貨物的地磅站遺址。而操場後方的校舍，種了好多棵大王椰子樹，校舍的正後方是麥樹仁山，夏夜螢光閃閃，是孩子戶外教學的最佳去處。

操場旁闢了一條低塹的地下道，拾階而下，在階梯底部抬頭，另一端光亮處正好可見行人穿梭不息的腳步，地下道出口是鎮上最熱鬧的中正路，柏油路上一攤一攤的小販大聲吆喝著，沿途的店家中，每隔幾公尺便有一家是野薑花粽的專賣店。

十幾年前，小鎮跟現在很不一樣。

§

當時小鎮由於產業凋零、人口外移嚴重，平常就連中正路上也看不到幾個人影，她所任職的國小的師生人數，也從數千驟減至兩位數。

從家中到學校的路上，總會經過一片偌大的野薑花田。她每天走到這時，都會停下腳步，看那純白花瓣在風中顫顫微動，風一吹，清雅淡香便遺落在鄉間小路上。

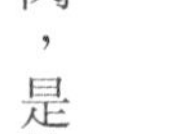

一天她正要趕去學校時，花田裡突然傳來陣陣抽搐的哭聲，她連忙往田裡走近一看，一個白髮蒼蒼的阿婆蹲在一片與人一般高的野薑花叢中，正無助地哭泣著。

原來阿婆是班上孩子的祖母，上個月阿婆的丈夫過世，原本該由兩人一起摘收的野薑花田，現在變成她一個人的工作。阿婆年紀大了，彎腰本來就不方便，除根動作又沒年輕人來得俐落，面對一整片蔓生的野薑花田簡直束手無策，一個人也無力扛一大束野薑花去市場賣，又得負擔自己與孫女的生活費，心一急才會哭了起來。

「你的兒子呢？」淑慧蹲在阿婆一側悄聲詢問。

阿婆的兒子從鎮上小學畢業後，與媳婦長期在外地工廠上班，工事繁忙，只好把剛出生的女兒托給阿婆照料。阿婆常常把孫女揹在身上，一邊緩步踅往車站，一邊輕哼著歌。每日停靠小鎮的列車不多，往往一、兩個小時才那麼一班車通過。阿婆似乎不以為意，每日風雨無阻地帶著孫女坐在剪票口旁的候車椅上，倒數兒子的歸期。

在她的眼中，野薑花就像客家女人堅強的本性，只需要最基本的條件，就能生存下去。就像阿婆其實別無所求，只希望孩子能常回來看她一眼，吃一盤她親自炒的米粉，看著孩子狼吞虎嚥的模樣，就是阿婆最大的幸福。

「李老師，我還是好希望兒子能陪在我身邊。」阿婆一邊說，一邊用手背擦去臉上的淚。

這種感覺，淑慧是懂的，鎮上現在除了學校教職員與零星的幾個老攤販，剩下的人幾乎都是上了年紀的老人，與這座小鎮一起停滯生長，活在過去的時空中。上次才無意間聽到隔壁戶的老太太，一把眼淚一把鼻涕地，對著聽筒另一端訴說著自己的病情。鎮上的老人們似乎已經習慣用裝病的方式，企圖喚回子女的注意。

老人們不知道自己還能做些什麼，招牌上的字一個也不認得，也不清楚自己的身分證字號，記憶一天天地消逝，從白髮絲開始侵蝕他們的身軀，環境與人事物都變了，只有溪畔淡雅的花香，依舊瀰漫在山嵐之間。

溪邊的野薑花，只需要基本的水與陽光，便能綻放潔白。

淑慧開始想為阿婆做點什麼，連同小鎮往昔風光，與那片美麗的野薑花田，一起努力。她不停奔走於台灣各地關於社區改造的系列演講，最終選定食物作為社區改造的主角。

民以食為天，就算景氣不好，大家還是必須擁有最基本的溫飽，每天才有力氣辛勤工作。她想起剛搬到小鎮時，小鎮良好的水質與瑰麗的自然風光使她為之驚豔，因此在食材的選擇上，她一開始就決定使用當地最天然的原料，讓這裡的好山水被更多人看見。

由於現代食品大多都添加大量味精，想要吃得健康，就必須尋求其他天然的代替品。那天傍晚，她召集了鎮上十個上了年紀的老太太，希望大家集思廣益，一起為小鎮的未來努力。

「聖美家後面不是有種一大片野薑花？以前年輕時大家都愛與她拿些野薑花根來調味，你們忘了？」一個老太太啞著嗓子說道。

大家立刻興奮地七嘴八舌的討論起來，原來當地盛產野薑花，婦女們除根時，也會一同收集野薑花根來替菜餔提香，薑科植物特殊的淡香能為菜餔增添幾分風味。

當地是客家聚落，老太太們各個都擁有做客家美食的好手藝，淑慧便把腦筋動到了客家人愛吃的粽子上。客家人的粽子，與閩南人的做法有很大的差異，蒸煮的烹調方式讓米粒更具嚼勁，裡頭炒得香噴噴的香蔥頭更是一絕，加入炒過的蝦米、唐蝦、豬肉、香菇與菜脯等，便成了獨特的客家口感。

大家形成共識後，她邀請老太太們一起改良傳統的客家粽，結合當地出產的野薑花根，配合現代人的健康意識，設計出一款對身體沒有負擔的野薑花粽。老先生們先是用鹽巴醃根，經過五、六個星期的日照後，等待根變成磚紅色再搥爛，拿去中藥店磨成粉末。磨成粉的野薑花根加入配料後，必須放在冰箱冷凍三到五天，再拿出來炒。炒熟後的配料用野薑花披針形的長葉包裹起來，一個個充滿獨特薑香味的野薑花粽就這樣誕生了。

拿了張拜拜用的簡陋合桌，到五金行買了只烤肉用的瓦斯爐，淑慧興沖沖地在街上擺起了攤，賣起一串串香氣四溢的野薑花粽。試賣的第一個週末，老天賞臉給了個大晴天，一日就賣出一千多個粽子。老太太們笑到合不攏嘴，手裡不停地折出一個又一個凹陷的三角，盛入一匙又一匙的配料，架子上的白線綁上越來越多顆粽子，她們的動作熟練精準，而且充滿最溫熱的愛心。

就這樣，用高鈣米代替糯米、低卡且不油膩的野薑花粽，逐漸打出了名號，成為鎮上的特色代表。聖美的野薑花田再也不孤單了，眾多老太太們跟太陽比早起，清晨五、六點就開始採收野薑花葉，飽含露水的葉面，看上去翠綠又美麗。

八點多時，老太太們綁上一條條黑底花布的頭巾準備開工，她們坐在小凳上，細細梳理每一片採下來的葉子。先剪去泛黃乾枯的葉尾，將被修剪過的葉子放在一簍，剩餘翠綠的葉子則集成另一簍，裡頭的葉子特別交疊成叉狀，方便包粽子時拿取葉片。

淑慧家中的廚房，變成眾多女人的臨時集會所，有人開玩笑的稱這裡為中央廚房，好多人在這裡忙進忙出，有人忙著泡高鈣米，等水管裡的水潺潺流出、淹過米後才關掉水龍頭，讓它浸泡個兩小時。聖美說蒸飯過程的關鍵是加水，通常加兩次水，讓水

在晨光中梳理過的葉片，晶綠地閃閃發光。

均勻地滲入米粒之間，就能保持米的嚼勁，吃起來更為香甜。

為此，她特地買了個結構堅固的大木桶來蒸米，因為如果蒸氣不順暢，從四周散出，米便不容易熟。聖美還萬般囑咐，蒸米的水可要留下來清洗碗盤，一滴也不許浪費。秉持著在地的責任感，若是沒賣完的粽子，老太太們也不願留到隔天給客人食用，每天賣的粽子，都是她們忙了一整個早上，辛勤做出來的成果，她們堅持一定要讓客人吃到最新鮮的感動。

鎮上的老人鮮少生病了，野薑花粽成了他們臉上容光煥發的活力來源，有了穩定的收入，使老人們都能過著自給自足的日子，每天忙碌的生活佔據了他們所有的心思，也不再胡思亂想了。

從客家生活經驗中所累積下來的智慧，讓老人們在等待的歲月裡，對小鎮產生了難以割捨的歸屬感。取之於人，用之於人，看著街上的遊客，人手一個野薑花粽，他們更能深刻地感受到自己存在的意義，老年生活並不只剩寂寞，刻在臉上的歲月，賦予他們更多無價之寶。

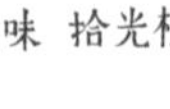

連夜風雨過後，老舊斑駁的月台牆洞裡，不知幾時開出了翠黃色的小野花。

火車一出隧道，大家就變成不一樣的大人了。

§

靜怡獨自從小學前的地下道走了上來，她才剛去小學轉過一圈，探望五、六年級的級任導師李淑慧。這些年來，鎮上好多跟她年紀相仿的人是這樣的，在黑暗的隧道裡悄然長大，那些看不見也摸不著的變化，趁暗爬上身，最終變成一個連自己也不認識的大人。

自從媒體大批湧入小鎮採訪野薑花粽之後，老街上的店家們開始群起效尤，街頭巷尾好像只剩下賣野薑花粽的店家，從中正路一號數到馬路盡頭，竟有六十幾家兜售野薑花粽的攤販。假日來逛老街的人也越來越多，觀光客穿過連接老街與小學的地下道，在操場旁的溜滑梯留影紀念，為原本小鎮平靜的生活掀起不小的波瀾。

在客家話中，阿婆是祖母的意思，她的阿婆叫許聖美，據說是外祖父特愛野薑花那清雅的淡香，希望阿婆長大後能像野薑花一樣散發聖潔的美麗，才幫阿婆起了這個名字。一直到小學五年級，她才知道原來平常與阿婆說的話叫客家話，而且還是本地發音的海陸腔，從小爸媽就在外地工作，把她託給阿婆照顧，因此她的童年可說幾乎與阿婆劃上了等號。

阿婆過身那天，她緊急向主管告假，回到鎮上的老家。想起每次她回家，阿婆總會來車站接她，「又不是小孩了。」她常這樣叨唸阿婆。

這次，她明白阿婆不會來了，她加速快步地踏出剪票口，但仍下意識地在候車室張望了一圈，看看人群裡有無阿婆的身影。

走回老家的路上，短短的幾百公尺，卻像天南地北之遙。阿婆在房間裡靜靜地躺著，好像只是暫時睡去而已，不知道哪個親戚，特地送來一整束野薑花，整間室內瀰漫著淡雅的花香。

靜怡走到隔壁的儲藏室，梳妝台上的雕花木頭箱，以前阿婆都管它叫百寶箱，如今上頭積了一層厚厚的灰，好像好久沒打開過了。裡頭好多書冊的邊緣都被白蟻蛀掉，也有些書頁開始泛黃，在一疊簿本中，她無意間瞥見自己國小那本紅白格紋的日記本，也夾在眾多書冊之中。她小心翼翼地抽出，閱讀起往日的時光，淡淡的鉛字筆跡停在六月八號那一天。

那天是小學畢業的日子，當時SARS病毒肆虐全台，學校怕禮堂空氣不流通，容易成為細菌溫床，老師讓大家把椅子搬到戶外，在司令台前舉行畢業典禮，班上的每個人都在右胸前別上一朵小紅花，把分配到的氣球綁在椅子後面。

「倒數囉！三、二、一……」

不知道誰這麼說過，那些最早來的總是最晚離開。長大之後，好像什麼事都比不上這段沒頭沒尾的畫面清晰。不記得台上的師長說了些什麼，畢業紀念冊上的面孔也都隨著記憶模糊，只記得在那片湛藍的天空下，五顏六色的氣球飄至高空，大家仰頭望著那些氣球，飛越遠方的樓房與雪白色的卷積雲，飛往不知名的遠方。

由於國小是鎮上的最高學府，畢業之後，靜怡與其他同班同學都離開小鎮，到市區或其他鄉鎮讀國中，當列車緩緩開動，她注定從童年離站，駛向不可預知的未來，一直到最後一節車廂的那束光消失在隧道的黑暗中，她才忍住回頭望的衝動。

聽母親說，鎮上許多賣野薑花粽的店家，因為做不出特色，紛紛關門大吉。而李淑慧老師一面教書，也一面扛起阿婆的野薑花粽大業，整理出一套標準流程，希望讓更多鎮上的人，一起做出真正留住家鄉文化的味道。

她想起以前與阿婆一起在廚房炒配料的畫面，阿婆說，炒配料時，火不能太大，記得要不時把手掌放在配料上方三公分的地方，感受不停冒上手掌的熱氣溫度是否得宜。紅蔥頭那濃郁的香氣，和著薑科植物的淡淡芳香，是她與阿婆共同生活的味道。

回程的火車上，她特別揀了個靠窗的位子坐下，窗外的溪谷水面映著月色，成簇的野薑花依傍在旁，在微弱的月光下，顯得更為潔淨、純白，軌道沿著山，彎蜒入一

綿延的軌道，是指向未來的一種符號。

片無止盡的黑暗。

從小鎮回到城市中，她恢復正常的生活步調，步入捷運站、搭著步調比火車快多了的捷運、踏入公司電梯、埋首工作、加班、夜晚踏著疲憊的步伐返家。回到一個人的租屋處後，她將昨天從老家帶回來的野薑花粽放入電鍋，腦海裡不時浮現阿婆們清早採收葉片、妥貼地梳理葉片、翻炒配料的專注神情，與一串串綁在鐵架上的野薑花粽，等著放入茶壽保溫的景象。

當電鍋開關彈起時，她迫不及待地打開粽葉，野薑花的香氣慢慢飄散出來，在鼻尖轉圈、停滯，咬下粽子的那剎，她彷彿能看見阿婆嘴角綻放出的笑容，淺淺的、淡淡的，像純白的野薑花飛揚在風中。

腦海突然浮現幾年前離家前一天的場景，那天阿婆親自送她到月台邊，當列車要開動時，阿婆朝著車窗說道：「有閒正來（註一）啊……」，阿婆站在頹圮的月台旁向她不停地揮手的身影，越來越小、越小，小到變成一個黑點，火車過彎，進入隧道。

而此時，靜怡咀嚼口裡的野薑花香，一滴淚水落在她的手背上，她輕聲地說：「阿婆，捱轉來也（註二）……。」

註一：有閒正來為客家語有空來玩之意。

註二：捱轉來也為客家語，我回來了之意。

小米酒

自由靈魂

圖文／楊佳靜　攝影／蘇冠心

小米酒柔中帶剛的滋味，就像在部落裡勇士的剛毅外表下，深藏一顆柔軟的心。

聽說，橋墩上那尊泰雅勇士的雕像不見了。

新聞報導說家鄉那座矗立多年的雕像，在八月颱風來襲後的隔天突然消失。正當居民們感到納悶時，才發現巨大的勇士像，受到強風暴雨的襲擊，已經變成大大小小散落在山谷下溪床的碎片。

對此，許多居民都感到遺憾與不捨，勇士像本為部落頭目的化身，往前平舉的右手，為族人指引正確的方向。

§

山上的風總是那麼自由，越過千山萬嶺，拂過滿山坡的芒草，恣意地穿越部落裡的每一戶人家。莫度打開車子的窗戶，左手倚靠著車窗，盡情享受著涼風迎面而來的舒坦，在返回家鄉的路途中，他一邊與身旁的朋友聊天談笑，一邊哼著歌，就這樣一車人鬧哄哄地蜿蜒而上。一路經過花花綠綠的溫泉旅店招牌後，又往更遠的深山裡駛去。此時道路越來越窄小，周圍只剩高挺的樹林，幾株含苞待放的山櫻花點綴其中，部落就在不遠處，駛過陡坡後的盡頭就是家了。

剛下車沒多久，莫度的弟妹們紛紛開心地前來迎接，親切地招呼著哥哥，一會兒氣氛便熱絡起來。莫度與友人一同坐在陽台前的椅子上，放眼望去，遠方的前台山上被雲霧籠罩，芒草隨風自在搖曳著，一片漸層的翠綠色渲染整座山坡，山谷下則種滿了整齊劃一的田地。

「山上果然清新多了。」友人微笑著對莫度與他的家人如此地稱讚道，莫度點頭大笑，一面遞上了用馬告與野薑一道煎炒的零嘴，剛入冬的日子，天氣還算涼爽，坐在外頭還是比室內舒服與開懷得多。

趁著太陽還沒下山，莫度決定帶這群都市來的朋友們，到山谷下的溪邊走走，畢竟這回帶平地的朋友們上山來，就是要讓他們好好見識一下他最自豪的美麗家園。

雖然今天的雲層厚了些，但比起前幾天的細雨綿綿，已經算是晴朗的好天氣。莫度看著朋友們一個個興奮地走下石坡路，揹起單眼相機往溪邊走去，臉上盡是滿滿的

隱身在翠綠山間平地的部落，是族人心中永遠的依歸。

期待。清澈的溪水嘩啦啦地流過身旁，既是族人最仰賴的水源，更是涵養整座山林千年以來的命脈。正當莫度轉身要向友人搭話時，便瞧見在溪流的另一側，出現一抹熟悉的身影。

莫度旋即大聲地呼喊著：「Yaki！（註一）」，宏亮且粗啞的聲音穿越溪床，只見遠方一個矮小瘦弱的老婦，背上馱負著約莫二十多公斤的木頭，慢慢地步行在溪邊。她是住在部落西邊的婆婆，高齡八十好幾，前些日子天氣寒冷，大夥才要她多注意身體，她卻又逕自跑到溪谷來撿柴。莫度正準備要上前幫忙，但婆婆只是緩緩揮著蒼老的手，笑笑地看著他，然後從溪邊大盤石的另一端，爬上平穩的柏油路面。

莫度聳聳肩無奈地苦笑著，他知道部落裡的老人家是閒不得的，每每好言勸他們好好歇息，別過度勞動，卻不曾成功過。村子裡的族人，彼此都十分熟識，就算子女平日在外地工作，也有不少親戚可以相互照應，生活上不太需要憂愁，但這些老人家就是不肯乖乖待在家靜養身心，每天一如往常地耕種、顧菜園，不曾停止工作，整日穿梭在山野之間。

他回過頭來，繼續與正在拍照的友人，介紹泰雅族的傳統。他告訴他們，在部落裡，婦女編織、耕作、顧家；而男人狩獵、保衛家園，這是每個泰雅族的子民都必須遵守的Gaga，Gaga是泰雅族傳統的祖訓與規範之意，所有泰雅子民都依照著Gaga生活，每一個活動與工作都有一套自己的Gaga，違反了會遭受祖靈處罰。

Gaga是泰雅族群的文化內涵與精神，也是族人最至高無上的信念，更是凝聚團體的重心。然而，這幾十年來，部落面臨的變化太多、太快，如今大概只剩老一輩的人，依舊嚴守著Gaga的規範過日子。

婆婆矮小的身影越來越遠，逐漸消失在山林之中。而馬路的另一端，則傳來一陣轟隆隆的引擎聲，倏地一輛小發財車便出現在大夥身邊。從車窗探出頭來的是正要去送貨的阿布，他熱情地向眾人問候著，臉上爽朗的笑容著實讓莫度感到欣慰。

旁人大概很難想像，眼前開朗的泰雅青年曾有過一段晦暗的歲月。

幾年前莫度曾數度在返回部落的途中，發現醉倒在路邊的阿布。他見到阿布的身體靠在一旁的大石頭上，雙眼迷濛，嘴巴裡不曉得在喃喃自語著什麼，手中則握著早已空無一物的啤酒瓶。

莫度只能搖搖頭，打開車門，猛然一扛把他架在肩上，再把他帶進車子後座，而阿布仍舊自言自語地呢喃著，漲紅的臉龐下藏著一只空洞的靈魂。

阿布是在下了山以後，才變成這樣的。莫度不禁感慨起來，他知道他們曾經都是多麼嚮往山下的生活，幻想生活在那五光十色的霓虹夜景之中，不分晝夜、永遠人聲鼎沸的街道、絢麗耀眼的招牌，還有數不清的新奇玩意。他們以為只要下了山，就擁有無限多的機會，還有實現夢想的可能，山下的生活對他們來說，就是暢快與自由的代表。

比阿布年長十多歲的莫度下山後，不論是平地的外在環境還是內在的文化精神，都開始讓他感受到劇烈的衝擊。

他在山下看見了人與人之間的爾虞我詐、平地人對金錢與物質的強烈慾望，還有

對大自然資源的不留情與損耗。莫度從一開始的驚愕到無法接受，進而慢慢了解到，現實社會的另一種面貌，是確實存在的，而且與他過往所熟悉的生活型態，僅僅只有山路那幾十公里的距離。

莫度很快便懂得在不同的社會型態中，如何調適並保護自己，但並不是每個下了山的泰雅青年都像他一樣，能夠安然地遊走於高山和平地之間，在兩邊的生活中拚得一席之地。更多的泰雅青年下了山後，最後都是帶著憂傷與挫敗，狼狽地返回山上。

後來他們才漸漸地明白，部落一直以來所信仰與遵從的Gaga，並不適用於平地。在沒有祖靈庇蔭與看管的社會，漢人自有一套生存的遊戲規則，若是玩不起，就只能被強勢的漢人社會排斥在外，阿布便是其中一個遍體鱗傷回到家鄉的泰雅勇士。

天空逐漸暗沉下來，莫度又喚大家回到車裡。家門口不遠處就可以聞到陣陣飯菜香味，莫度的表妹已經煮好滿桌的山野佳餚，等待著賓客們的享用。接著他從廚房裡拿出了兩罐玻璃瓶，慎重地向大家介紹著：「貴賓來訪，絕不能不喝山上的小米酒！」弟妹們也跟著鼓譟、吆喝著，一夥人興奮將米白色的小米酒倒入一個個空杯中。

這時，一個朋友湊近莫度身邊，悄悄地問他這瓶小米酒是不是真的使用泰雅婦女的口水來發酵，莫度有點好氣又好笑地回他：「對阿，吐越多越好喝哩！」朋友臉上閃過的一絲驚恐，讓他更覺荒謬有趣。

這個問題以前也有許多平地人問過他。當他熱烈地邀請對方喝酒時，看見那些擔憂的臉孔總感到十分好笑，但日子一久，他不免也感到有些無奈。不知道平地的媒體哪來這麼多奇怪的理論，老讓原住民面對一籮筐稀奇古怪的問題。

小時候莫度曾在廚房中，看過祖母與其他婆婆們釀酒，每逢佳節慶典的時節，女人家總是萬分忙碌。從清早六、七點開始，祖母會先用水浸泡小米，一直到傍晚再將水瀝乾，用手搓洗小米兩、三次過後，再拿去炊爐上蒸熟。

而蒸煮的關鍵便在於火侯的控制，絕對不可燜得過爛，部落的老人家直到現在，仍不習慣使用方便的瓦斯設備，她們喜歡用平時在溪邊或山林間所拾撿的木柴來燒火，讓火慢慢地燜煮，然後在一旁耐心看候著。

蒸好的小米放涼後，會被放入橡木桶中，並再次注入少量的冷水。過一段時間後，婆婆便會將手輕輕按壓於小米上，確保是否已經吸收了飽足的水分，若是表面已浮出一些水量，便準備拿到甕裡去釀造。有些人家還會在此時放入些許食用性植物來作調味，等到一團團蒸熟的小米放進甕裡後，再用布徹底密封酒甕，採自然發酵的方式，至少在甕裡靜置一個月後，釀成的酒便可拿出來飲用。

整個過程中，他可不曾記得看見祖母吐過任何一滴口水，只記得她認真監看火侯的專注神情，頂多只看過她用手指頭試嚐味道。只是近年來，由於小米耕地變少，產量也不如以往，因此現在部落裡的婆婆們，多以較易取得的圓糯米，來製作小米酒。

不同人家的釀酒過程雖大致相似，步驟與方法也沒有太多差異，但是每一家釀造出的酒，嚐起來卻各有自家獨特的口感。現在部落裡會釀酒的只剩下兩戶人家，莫度偏好住在西邊那個婆婆釀的，味道較甜而不過酸。下午才看見她在撿柴，大概近期準備要釀新酒了。

老人家依舊喜歡用撿拾的木頭當柴火，不疾不徐地將小米酒蒸個熟透。

至於圓糯米與小米之間的異同，一般人是嚐不出的，喝起來一樣香甜好入口。但對莫度而言，卻分辨得十分清楚，糯米釀的酒甜而膩，顏色呈厚重的米白色；而小米所釀造的酒香氣甚濃，嚐起來又更為甘醇、順口，顏色也較為清透，讓人忍不住一口接一口地飲下。不過現在能喝到用純小米釀造的小米酒的機會少之又少，多數人也偏好較甜重的糯米釀酒，勝於正統的小米酒。

但與平地那些琳瑯滿目的各種啤酒、洋酒相較，無論是用小米還是糯米釀製，部落裡的婆婆們所釀的小米酒，永遠是莫度心中的第一位。一直以來，他總覺得平地的那些酒有股化學加工過的假味，同樣用植物釀造的金門高粱酒，喝起來卻味濃過烈，殘留一股灼燒感在喉頭，不如小米酒來得好入口。

對他而言，小米酒的味道，蘊含著一股純淨且原始的風味，醇甜自然而不刺激。莫度偶爾會想起自己初嚐小米酒的那一刻，是多麼地難以忘懷。

某年冬天，當時還是部落頭目的祖父不知怎地，趁其他人不注意時，突然偷偷地遞過一小杯小米酒，給還沒成年的自己。他先是又驚又喜，因為在以前的時代，唯有各類祭典或慶典，才會看到小米酒上桌，對於族人來說，是珍貴的獻祭品，更只有長老，或成年具一定地位的人，才能飲用。

當他的舌尖初次嚐到那夢寐已久的醇厚香甜，伴隨而來的是一份前所未有的滿足感，隨後整個人沉浸在小米酒獨特的風味中。當下這甜中帶酸的滋味，對莫度而言，就好像是一種榮耀。能夠喝到小米酒，代表了一種肯定，因為這杯酒是被全村落最有權威的人賞賜的禮物。

飲完的一剎那，他的喉頭才開始感受到小米酒濃烈的後勁，長輩們的肯定所帶來的愉悅感，伴隨著酒香從嘴裡逐漸蔓延到全身。年幼矮小的莫度再次抬起頭來，一雙渾黑稚嫩的雙眼望向祖父，咧牙露出最燦爛、最得意的笑容。

那一天，他整個下午都帶著雀躍無比的好心情，領著其他部落裡的孩子們，沿著山上蜿蜒的小路，開心放肆地奔跑著、吼著，好似得到全天下一樣的歡欣鼓舞。

如今，小米酒成了原住民文化的標誌，透過電影和媒體的大力宣傳，不僅成為家喻戶曉的飲品，更成了觀光部落的明星商品。以前手工釀酒需要足夠的發酵時間，因此產量有限；現在搭配工廠生產線的大量製作與銷售，小米酒對於年輕的一輩而言，不再是如此難以嚐到的珍品。或許小米酒在年輕人的心中，已不如以往莫度心中，帶著如此深遠神聖的意義，不過初飲小米酒的那股感動與欣喜，卻一直深深地烙印在莫度心裡，不曾忘記。

§

手中的酒杯逐漸見底，莫度拿起酒瓶替大夥兒倒入少量的酒，小米酒的香甜，常讓人渾然不覺地一杯接一杯，但隨之而來的後勁可是非常強烈，現在依然談笑風生的友人們如果稍不節制，大概等等就會醉倒在桌上，他邊想邊微笑著。

以前莫度在山下工作總有人愛找他喝酒，若是他一口拒絕，對方總會不信邪的繼續向他哀求，並且附帶一句：「原住民不是最愛喝酒的嗎？」他都會回以淡淡的笑容，搖搖手，那些辯白的語句，哽在喉頭吞了回去，他知道對方大概是無法理解的。

那些人一定不相信，原住民不是生來嗜酒的民族，至少對莫度而言不是這樣的。他們也一定不曉得，在一百年前，部落裡可不曾有過酗酒的原住民青年，他們平日也甚少喝酒。泰雅勇士們身負著保衛家園、守護家庭的重責大任，既珍貴又數量有限的小米酒，只有慶典時能飲用。直到時代變遷，勇士們紛紛下山以後，平地與山上的交界逐漸模糊，許多變化才在無形之中蔓延。

當初阿布國中畢業後，懷抱著雄心壯志，要去平地的城市裡，掙錢養家中兩老。從水泥工做起，老實勤奮認真的工作態度深受老闆喜愛，最後更與老闆女兒結婚、成了家。生了小孩後，阿布更拼命地存錢給家人，當老婆提出要去進修的計畫，阿布也欣然同意，他知道自己唯一能做的，就是繼續賣力地工作，成為家人最堅強的後盾，自己對於未來生活藍圖的種種美好想像，也只能放在心裡偷偷地編織著。然而之後老婆的外遇，造成家庭的遽變，打亂了阿布的人生步調。

一直努力打拚的他，怎麼也無法理解這種情況，更不知道該如何去面對一切。傷心欲絕的阿布不願再和老婆爭搶財產，甚至是孩子，他只想拋開一切，一無所有地回到山上去。回到部落後，阿布的性情變了，從此開始酗酒買醉，用酒精來麻醉自己，忘卻往日付出過的一切。

部落那些珍貴的小米酒是碰不得的，純淨自然的甘甜無法撫慰他難癒的傷痛，反而更讓他對於部落無私的包容感到難以面對。阿布只能盡喝那些唾手可得的平地酒，滿街的便利商店不需要什麼規範，啤酒、米酒應有盡有，成了阿布每天傾訴、怨嘆的良伴。

部落裡的族人對此都非常擔憂，尤其是身為頭目的莫度，不忍心看著一個昔日滿面光采的泰雅青年，受到這樣的折磨，如此地糟蹋自己。這不該是一個泰雅族男子的生活樣貌，也會讓社會繼續對原住民冠上酗酒的污名。

自從三番兩次地在路上撿到醉倒的阿布後，肩負著頭目責任的莫度，一直苦思著如何解決阿布這樣的問題，讓那些在城市中迷失自信的部落青年們，重拾往日光彩神氣的笑靨。這個部落本來就是秉持著互信與互助的真善美信念，全村落的人都該照顧彼此，並且無私分享。

從幾年前開始，莫度經營了部落高山蔬菜的買賣，收購山上老人家的蔬菜後，利用網路或電話等行銷管道，開放平地人訂購，再將訂購的蔬菜宅配到府。而送貨的工作便自然由部落裡的青年負責，讓他們往來於部落農家與客戶之間。自從加入送貨的行列後，阿布終於不再鎮日無所適從地買醉，蔬菜生意的開創，也讓族人有更多的收入來源。在莫度悉心的教誨與勸導之下，阿布總算振作了起來，他家裡的老父老母不需再擔心，部落的向心力好似也比以前更凝聚了。

但莫度知道，這還只是剛開始起步而已，那些過往的傷痛還是在，族人們需要更多的時間療傷，努力去與外在的主流社會磨合。漫漫的長路上還有許多的挑戰，等待著他和他的勇士們。但莫度知道自己絕對不會低頭，他會昂首闊步地迎向未來，帶領族人們走出自己的一條大道。

莫度深吸了一口菸，與朋友們紛紛圍繞在火堆旁，大夥兒恣意地或坐或躺，開心地笑鬧著、唱和著山地歌謠。阿布送完最後一批貨物後也過來加入聚會，與其他族人們一起拿著竹竿條，將山豬肉串成一條一條，直接插在火堆旁的石頭縫中火烤，火光照映在他的笑容上，爽朗的笑聲在夜晚的溪床迴盪著。

裊裊炊煙緩緩地向上升騰，越來越濃，那些矗立著的肉串顏色逐漸變深，陣陣烤肉香味逐漸散開來。莫度狠狠地咬下一口烤肉，配上一杯酸甜的小米酒，冰涼的滋味好得不得了。他遞過酒杯給阿布，看著他暢快地一飲而盡，心裡有莫大的滿足。遠方傳來樹林裡沙沙的聲響，晚風輕拂他黝黑的臉頰，吹得心懷一陣暢快，此時莫度才深刻地領悟到，真正的自由所帶來的快樂。

尖石鄉的居民們向媒體們表示，他們決定再造一座不畏強風與暴雨的勇士雕像，用它的手給族人們指引正確的方向。

註一：Yaki為泰雅族對年長婦女的尊稱。

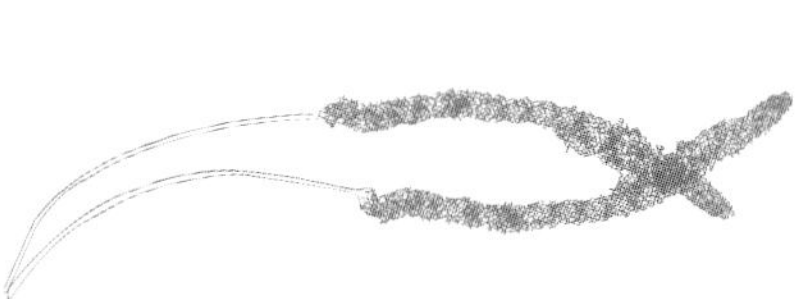

部落裡的山櫻花，在寒冬中綻放出屬於自己的生命力。

貳、遊覽城市的過往

爆米香

臭豆腐

爆米香

流浪者之歌

圖文／蘇冠心　攝影／楊佳靜

酥脆香甜的米香，在嘴中化成一股難以下嚥的鄉愁；整座盆地沉睡後，只剩下異鄉人熟悉而寂寞的呼吸。

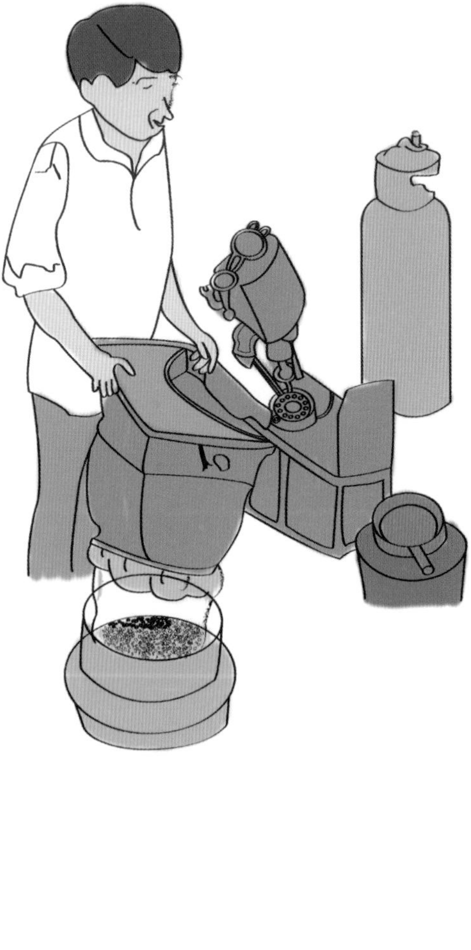

爆米香小販就像城市中的游牧民族，守著自己的兒時回憶移動，逐路口而居，萍蹤不定。通常多為中年夫婦組合而成，以三輪車或小發財車代步，攤開的傘面是他們的帳篷。傳統製作爆米香的過程中，會產生巨大的聲響，因此無法與騎樓下其他店面共居，流浪是他們共同的典型生活。

§

出門前，阿強特地抬起頭望向窗外的天空，與氣象預報估的一樣，微陰，一整片灰濛濛籠罩了整座城，還伴隨著都市人揮之不去的一股憂鬱，但對阿強而言，卻是他販賣爆米香生意最好的時機。已經是十一月下旬，季節正由涼轉寒，貨車上剛出爐的爆米香散發著熱騰騰的香氣，吸引不少過路人上門光顧。

只需要一塊十字路口旁的空地，與一次紅燈的時間，他就能召喚回舊時農村的童年記憶中，那份甘甜的滋味。

「要爆了嘿！」操著一口閩南語的他大聲地向周圍的攤販與行人吆喝。

「嘣！」好大的聲響伴隨著靄靄濃煙，自發財車上傳來。在一片漫漫白霧中，他快速地將爆米器中的米粒，用木耙子刮入桶狀鐵網裡，鐵網末端接著一只表面光滑的鐵盆，白花花的米粒通過鐵網，嘩啦啦地落在鐵盆之中。接著在鐵盆裡倒入剛煮好的麥芽，快速地攪和均勻後，爆米香那股熟透的香氣頓時四散開來。

看著鐵盆裡成團的米香，他想起幾年前，哈利波特系列的電影當紅，小孩們成天吵著去戲院，最後無可奈何，只好與妻在那個月省吃儉用，找了個週末帶孩子們上戲院。

究竟劇情演了些什麼，老實說，阿強並無太深印象，他只記得當時劇中出現了一個名為「儲思盆」的魔法物品，立刻讓他聯想到自己平常謀生的這只攪拌米香的鐵盆，只不過儲思盆是用來讓魔法世界的人儲存記憶。透過儲思盆，在場的第三者便能看到在該巫師或女巫記憶中所遺失的片段。

對他來說，做米香的鐵盆，在某部份的功能，與儲思盆極為相像，當剛煮好的滾

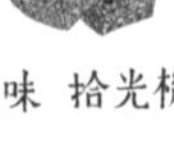

燙麥芽如瀑布般絲滑地在盆緣順勢滑下，曩時的童年回憶，也一點一滴地汨汨流動於剛爆好的米粒之間。

關於那段在村裡閒踅的時光，稻田上盤旋的蜻蜓、如彈簧般的鳳仙花種子、隔壁人家所豢養的那隻名為小畢的貓、與多個百般聊賴的午後時光，全被一起裝進鐵盆裡，等到與麥芽的香氣重逢，那些最好的時光便被召喚。

阿強的妻子是第一位見過他的儲思盆的人。

二十多年前，她在成衣工廠當作業員，因為臉上一直戴著金邊眼鏡之故，工廠大夥習慣喊她小金。小金生性活潑，剛來一、兩個月就與大家打成一片，傻呼呼沒心眼的個性，也讓她在同事間極受歡迎。小金愛吃甜，大家是知道的，下班後順道繞去鬧區買點零嘴是常有的事。

一天正值入秋時分，小金與同事拉著手準備過馬路，被附近一股香甜的味道給吸引，四處一望，只見有人在攤車上，用一把鐵尺仔細地切割著米香。小金認得這種味道，是以前與妹妹小時候最愛的米香，「真不知道什麼時候開始，都市也賣起這種古早味零嘴？」她心裡這麼想著。

入口即化的米香，讓小金再次嚐到童年那難忘的滋味。從那之後小金就成了固定客人，每天準時到攤位報到。爆米香時，必須等待鍋爐升溫，才能產生足夠的壓力將細小的米粒撐得白胖，於是兩人在等待的時間中，不時交換自己幼時對米香的回憶。從阿強的話語中，她彷彿能看見他口中家鄉的綠野平疇，與稚幼的他望著日曆紙倒數的模樣。阿強說，當家中牆上高掛的日曆，被撕去二十八張時，爆米香小販那台稍微落鏈的三輪車「基——扎扎——」的聲響，便會準時造訪村落。

§

阿強的家鄉是農業縣，當時除了種稻的地主以外，村裡的人都靠著拔花生、割稻、挖地瓜等零工為生，阿強底下還有四個弟妹，家中三餐開銷吃緊，母親餐餐都煮蕃薯籤飯。美其名是番薯籤飯，但往往碗中，只見疊得又厚又高的蕃薯籤，配上幾乎是用來點綴鋪底的薄薄一層白米。

在全家縮衣緊食的情況下，每隔一段時日就會出現的爆米香小販，是年幼的阿強心靈上的寄託。在物資匱乏的年代，甜而不膩的爆米香是眾多孩童最愛的零食，米香放入口中化開的香濃滋味，與酥脆的口感，沒有任何小孩能抵得住這番誘惑。

當時的農村，不像現在都市的夜晚，燈火通明的那樣理所當然。賣爆米香的小販必定挑選白天造訪村里，找好一塊寬敞的空地，排開陣仗預備爆出一罐罐驚喜。不像現代市集只販賣製作完成的米香，以前的爆米香更像代工業，村中家戶各自帶著米與砂糖到現場排隊，以裝著米的罐子排在地上做為順序標記，小販便會依序代工，將白澄的細米粒爆成酥脆的米香。

街上的一處廣場是爆米香小販的落腳處，平日下午，廣場上總充滿打棒球、騎腳踏車的孩童，鬧哄哄一團，好不熱鬧。每當遠遠看到小販踩著三輪車，載著滿車裝備，準備來村裡爆米時，與阿強同齡的孩童總藏不住臉上的笑意，像躺在夜空下苦苦守候一晚，終於看見一顆流星的那般喜悅。見到流星只能許願，願望不一定能成真，但嘴裡的爆米香卻比什麼都真實，當香甜在舌間綻放，瞬間就能獲得幸福。

孩童們各個以跑百米的速度奔回家中廚房，得到大人的允許後，拿了裝滿米的鐵罐就直奔廣場中央，在三輪車前自動自發地排成行列，讓人產生彷彿這一列娃娃軍，待會一聽指令，便會規矩邁開步伐的錯覺。

小販慢條斯理地架著裝備，那像口大砲的爆米器，比任何玩具都來得新奇，每個孩童對於「嘣！」的瞬間，總是又愛又怕，滿懷期待地儘可能靠近機器，卻忍不住反射性地用雙手摀住耳朵，那種屏息以待、交雜著興奮與恐懼的神情，了然無遺地顯露在每個孩童的臉上。

阿水伯是這附近的地主，家裡擁有一整片稻田，每次他的小孩旺仔，總能捧著一只裝滿八、九分白米的鐵罐前來，讓其他小孩好生羨慕。爆米香的三輪車一接近，旺仔便一臉得意地向前迎去，準備給小販爆香。家中沒米可爆的小孩們，連吃到米香的快樂心情都不敢想像，只得默默地跟在旺仔後面圍觀，心裡暗盼自己能分到一小口米香。

阿強與弟妹是爆米秀中永遠的觀眾，只能眼巴巴地望著別人家孩子抱著罐子排隊。偶爾母親一時興起，會淺盛一杯米，裝在果汁牛奶的罐中，拿去讓小販爆成米香，再分給他與弟妹一人一塊，剩下的米香則用塑膠繩綁起，高掛在廚房的牆上，作為以後表現好的獎勵。

雖然往往再次吃到米香時，米香早因為長時間曝曬於空氣中，失去原有的酥脆度，但在阿強的心裡，軟掉的米香帶給他的幸福感，絕不亞於剛出爐的米香。那濃郁的麥芽香，像棉花糖的滋味，在舌間甜甜地化開，蔓延在周圍的空氣中，是他小時候最喜歡的味道。

小販輕輕地用手將米香揉鋪至模具內各處，細心地用手掌整平表面後，再以桿麵棍做最後一次鋪平的動作。模具的邊緣呈等距鋸齒狀，像城堡高低相間的圍牆，中間凹陷處可將鐵尺平放，方便小販用菜刀切割出相同尺寸的米香。最後將米香三塊、三塊地疊起，裝入袋中，發還給排隊的孩童。阿強最期待的時刻，便是小販把切邊剩下的碎塊米香分給在場圍觀的小孩，一小塊甜甜的滋味，就能讓他開心上好幾天。

人生與總是被整齊堆疊的爆米香不同，沒有必然的法則。

排在地上的鐵罐一個個減少，廣場上的人潮逐漸散去，小販爆完最後一罐米後，收拾配備準備離開。阿強一直很羨慕小販看上去自由自在的模樣，不像自己，只能被強押在學校的課桌椅前讀書。

有一次，他好奇地跑去問小販：「明天你會在哪裡出現？」

小販扶正了頭上的斗笠，笑著回說：「反正是比這裡更遠的地方。」

阿強對遠沒有概念，從家裡離學校走路五分鐘，從學校跑到村子口的那座土地公小廟只需要十分鐘，就連母親要他到隔壁村的姑婆家跑腿，也只花他二十分鐘。家鄉可以看見山，卻瞧不見海，他便自作主張地把小販口中的遠方定義成海邊，幻想小販賣完米香後，踩著整片白砂，迅速褪去身上的衣物，在水裡悠遊自在地游著，傍晚還能在沙灘上抓幾隻小螃蟹。

§

起霧了，阿強與他那輛載著米香配備的小發財車，一起被困在橋上的車流之中。他對著方向盤開始發呆，思緒隨之飄向遠方。

現在與未來到底距離多遠，總令人難以想像，小時候的阿強巴不得自己趕快長大，在好幾個夜裡輾側難眠，一旦開始想像長大後的自己，腦袋就無法停止運轉。等到長大後，他卻開始害怕想像自己的未來，現實太重精確的承諾，模稜兩可的字句無法存活於生活中，人們非得對每件事都下定義，才肯罷休，還來不及找到形容詞描述遙遠，時間早已跑得比遙遠還快得多，他開始不敢往遠處想，只求安穩過好每一天。

在一片迷霧中，溪邊的景物像幅淡彩的水溶畫。車窗外，一片芒草倒向無垠的曠野，他能想像陣陣蕭瑟的東北風，正吹向此地，三十多年前，也是這種溫度的風，把他從鄉村吹向了台北。

初見這城，是在承德路上的客運總站裡，車子靠站時，已近深夜時分，不知道是櫃台小姐些許疲憊的嗓音，或是舟車勞頓使然，廣播系統裡的聲音聽上去有些模糊，

「台北車站到了，謝謝您今日的搭乘……」。他走上對街淡綠色的天橋，橋墩的地面上，還殘留著被隨地吐掉的口香糖，來來往往的行人踩過，時間一久，形成一圈圈失去黏性的黑漬。

城市的天空被高樓盤踞，阿強想知道，眾多樓房的背後，還要延伸多遠，才是他的家鄉。他下意識摸了摸額前的厚重黑瀏海，這顆新剪的西瓜皮頭，是家鄉那間掛著紅、白、藍三色旋轉燈的理髮廳老闆，特別為他精心設計的。老闆拿著大剪豪邁地刷刷刷，三兩下就輕鬆修去雜毛，不到二十分鐘就讓阿強整個人煥然一新。

「這款髮型，台北那邊正流行啦！不信你照照鏡子，有緣投嘸？」

聽到這句話，阿強彷彿吃下顆定心丸，他看著前方的鏡子，心裡有幾分得意。

身上的深藍色外套與喇叭牛仔褲也是上台北前，特別去成衣商場添購的，這下行頭全齊，走在街頭也看不出來自己與都市人的差別了，阿強心中暗自想著。

麥芽糖漿裡逼逼剝剝冒出的氣泡，是都市裡那些掙扎的靈魂化身。

他在天橋中央停了下來，靠著生鏽的欄杆，看著底下來往的車輛，微弱的車頭燈流動在黑夜長河之中。

這就是遠方，他想。

遠方是一種憧憬，是所有流浪的起點。

當然，那時候的他還不明白，流浪必須付出的代價。

他扛起放在地板上的軍綠旅行袋，大步地朝天橋的另一端邁去，把過去留在過去，不再回頭。

台灣經濟起飛之際，大批農村青年湧入北部都市尋求工作機會，阿強原本想考公務員，尋求一個穩定的飯碗，再看有無機會調回家鄉服務。但仔細想想自己單憑國中畢業的學歷，要躋身白領階級恐怕不是件簡單的事，決定邊打零工賺取生活費，閒暇時間再拿來讀點書考公職。

他把自己盤算好的千秋大計，告訴在台北上班的大表哥，卻遭到表哥一陣揶揄，說打零工的錢付房租已入不敷出，哪還能養活自己，不如去賣爆米香，不用店租。

表哥的一句玩笑話，卻改變了阿強的一生，他仔細想想，賣米香也不是不可行，若能做出童年記憶中的那股味道，想必能吸引同來台北打拼的鄉下人光顧。於是興沖沖地用剩餘存款收購了一套舊配備，向原賣家學習製作爆米香的方式後，靠著一股腦兒的熱忱，展開他的擺攤人生。

好的爆米香首重麥芽，煮的時候加點油，麥芽才不會太過黏牙，外觀看上去也會較為晶亮。爆米器火侯的控制，則是影響米香品質的關鍵，火過大，會讓米燒焦；火太小，米又會變黃。而爆米香酥、脆的先決條件，就是倒入米後，要將爆米器的蓋子鎖緊，若不小心漏出氣來，米香便會接觸外界空氣而軟化，而蓋子若打開太久，也會造成內部熱度不足。

開著二手的小發財車，在都市裡打著懷舊商機，阿強在台北各地的巷口擺起了攤。例行公事是這樣的：早上七、八點把麻布袋裝滿米，便開著發財車到市集附近的街口卸下裝備，準備做生意，等過了中午十二點，市集的人潮差不多散去後，才收攤歇息，待下午三、四點過後，重新安頓過一番，晚上十點才收攤返家。

他選定的地點，通常有幾個共通的特性：機車騎士眾多、紅燈時間長以及雙向的十字路口。人潮即是生意，他一直這麼相信著。只是總在車流多的街巷停好車準備做生意，警察立刻就騎著機車前來關心，說他阻礙交通，紅單上潦草地寫上幾筆，就得用一整天的收入來換。

對於這樣日復一日的生活型態，阿強意外地沒有多少厭倦感。雖然也曾有尋覓其他工作的念頭，但轉念一想，賺的錢雖然不多，賺到的是其他都市人羨慕的自在。何況米香承載著許多他那一輩人的回憶，這份傳承的意義，更是其餘工作所難以取代的，他也就甘之如飴地繼續做了下去，沒想到，這一做就是好幾十年。

§

用遺忘篩選記憶是小金的強項，她總是忘記事物的全貌，零碎片段的細節卻能一一描繪，諸如阿強的童年瑣事、每天早晨廣播裡放送的第一首歌與每個上門客人的特徵。

她像白花花的米香，等待與麥芽形為一體，繼續過著離不開彼此的人生。

問她被阿強的哪點吸引，或許是他臉部剛毅的線條，與一身黝黑的皮膚，極像她舊居南方小鎮上那些老實的男孩，他那雙笑盈盈的眼，讓人有種可以同他一起克服所有困難的錯覺。

婚後，小金辭去成衣工廠的差事，做阿強爆米香的第一號助手，一邊揹著剛出生的大兒子，一邊做生意。她總愛戲稱丈夫像砲台手，負責掌管爆米器上那只烏黑的大砲狀鍋爐，鍋爐上頭有個小圓盤狀的壓力錶，加熱的時候得時時刻刻盯著溫度的變化，等到溫度足夠時，再將砲口轉向下方的鐵網。

拉開爐門的瞬間，裡頭的壓力接觸到外界空氣便會化成「迸！」的聲響，白胖的米香隨之傾注鐵網桶內，鐵網上有許多小洞，讓熱騰騰的米香上的水氣，能夠趕緊散去，加入麥芽後才能保有米香酥脆的口感。

孩提記憶中，無憂無慮的夏天，卻是這行一年中最難熬過的低潮期。夏日白天外頭燥熱，人們食慾降低，熱呼呼的米香往往滯銷，加上麥芽也無法在陽光下久放，只有晚上能出來擺攤。這時她與阿強就必須要尋找白天兼差，兩人曾在傳統市場裡打零工，協助殺雞、拔雞毛，做過搬水泥塊的臨時工，也曾推起攤車在廟口賣剉冰、仙草。一整個夏天汗濕淋漓下來，小金雪白的皮膚，瞬間給曬成麥子色，堅強的她卻不曾喊過一聲累。

比起在不見天日的工廠裡，聽著制式的機械聲運轉，她在心底是感謝的，感謝阿強把她帶到燠熱的太陽下，在不同的遠方流浪，跑遍城內的大街小巷。生意清淡時，兩人一起聽廣播，偶爾聽聽卡帶，不說話的時候連沉默也動聽。

兩個人在一起多半的時光都是快樂勝於辛苦的，她慶幸自己記性不佳，讓忘掉後的每一天，都成了全新，偶爾複習那些吉光片羽，日子就這樣每天都成了最好。

§

阿強聽說承德路上的客運站拆除了，一輛輛客運駛入新轉運站的立體車塔，一圈又一圈地反覆地繞著建築體而上，就像永遠回不了家的鄉愁，只能繞著城市寂寞地輪迴著。而新事物總愛往高處爬，像一棟棟越蓋越高的大廈，沒有延伸的極限，城東櫛比鱗次的高樓取代低矮騎樓的舊西區，成為嶄新亮麗的都市重心。對這座城市的記憶還來不及提煉，就被排山倒海而來的變化給稀釋，淡成更輕更薄的色彩。

多年之後，無數的青春面孔取代了他這一輩人，年輕人的眼中依然閃動著對都市的憧憬，但他們以不同的速率移動著。高鐵讓都市與鄉村的界線逐漸模糊，再也沒有到不了的遠方，遠方成了一紙飛機票，更甚者，薄薄一張信用卡在手，即可越過經緯線前往異城。

隨著速食崛起，街上各式賣場、百貨、超商林立，有別於鄉間的成長環境與生活條件的改變，讓年輕一輩的童年，不再只有爆米香一種選擇。阿強每次經過街上的櫥窗，架上琳瑯滿目的糕點與零嘴總令他眼花撩亂。如今，只剩下一些三、四十歲以上的中年主顧會停下腳步，用緬懷的神情望著爆米器，掏出一張紙鈔尋回童年，而與兒女同輩的年輕人多半一眼都不看地漠然走過。

阿強的爆米香生意每況愈下，每日漫長的工作時間，往往只有零星的散客上門光顧，記憶中農村裡排得老遠的鐵罐子奇景已不復見。面對改變，他唯一在乎的是，能不能夠讓更多人，懂一次等待的美好。

外頭落下零星的雨絲，阿強趕緊用篷布罩上器材，與妻躲進騎樓避雨，不出幾分鐘，整片天已滂沱。兩人站在騎樓下，望著灰暗的天色，默不作聲。

在新時代中，年輕一輩的生活從來不是由單一構成，每件事物都是複雜的異構體，就像他來到了他以為的遠方流浪，卻遭到遠方的背叛，遠方不如想像中的美好，也不比過去農村的純粹。許多事，未必能走得比想像中遠，這道理，他倒是懂的。

但他是來不及出城了，過去用歲月砌出的記憶，已然一磚一瓦地崩解，他只能眼睜睜地看著新一波的進城人，用勁力氣擠進那小小隘口，在城市中開始屬於他們的掙扎，爆米香綿軟濃甜的香味，若無其事在盆地裡蔓延，彷彿什麼事都不曾發生過。

雨後路上積水漸乾，天空轉晴，稍微冷卻的空氣是剛下過雨的證明。所幸做為一個城市游牧者，他已經習慣遺忘。

編註：爆米香，是直接從閩南語音譯的文字，音近「ㄅㄨㄥˇ ㄇㄧ ㄆㄤ」。

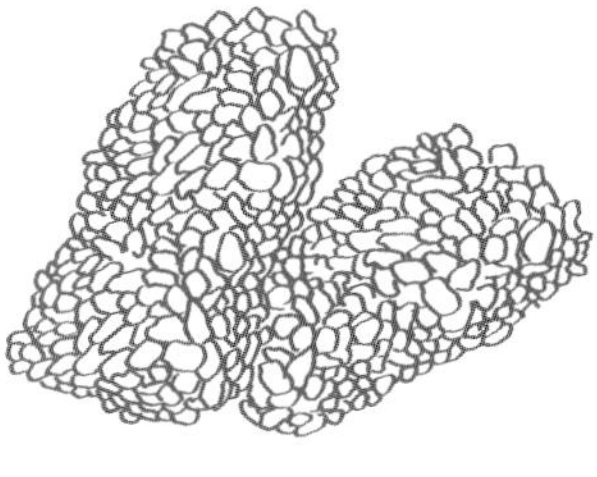

臭豆腐／深鎖的房間

圖文／蘇冠心　攝影／楊佳靜

同一種味道，卻在不同人心中烙下獨特的生命印記；臭豆腐強烈的氣味，頑固地嚙蝕小鎮的往日。

晴朗的天氣裡，見不到一絲流雲。充滿補丁的柏油路面消失了，取而代之的是鋪平的水泥地面，隨即映入眼簾的是整排紅磚屋與拱圈騎樓。家興不記得以前曾經看過這樣的建築，只有讓人睜不開眼的陽光和離家的那天一樣，毒狠地曬在他黝黑的皮膚上。

這天中元節剛過，老街上不少人家的香爐還擺在外頭，裡頭殘餘的金紙屑，躺著不知多少人們的心事。空氣中瀰漫著一股刺鼻的油漆味，工匠們正忙著最後的補強工程，聳立的建築鷹架卻無法阻絕觀光客的身影，雖不是假日時分，卻也有不少人潮。

廟前的廣場是家興小時候與同伴玩耍的地方，如今已被擴建成小停車場，再也見不到孩童嬉鬧的身影。廟宇前的台階坐著一名白髮老嫗，正靠著牆沉沉睡去，樑柱下側的邊緣佈滿了灰塵，還留有幾支菸屁股，與翻建中的老街相形之下，顯得相對淒涼。

§

家興的家鄉以豆腐聞名，舊時半數以上的人家都擁有自家製作豆腐的獨門配方，街坊後頭流過的景美溪，擁有甘美的水質，用來做豆腐正適合。他住在四十九號一棟兩層樓的老房，外牆上的白漆早已剝落，剩下灰色的水泥牆裸露在外。母親在家興出世不久後，便難產而死，留下在鐵工廠做工的父親，與年僅兩歲的他。

祖父在一個星期日的午後，闖入他的生命之中，他對於祖父的第一印象，來自於一只鐵製大皮箱。

那天早上下了點小雨，整條街充滿慵懶的氛圍，等午後雨停得差不多，家興與鄰居小孩們在家門前玩著，大部份時間玩跳格子，偶爾打打陀螺，眾人嬉鬧成一團，好不開心。這時街上遠處出現一個帶著大盤帽的軍官，拖著大皮箱，板著一張臉，神情凝重地往家興家的方向踱來。大夥兒一臉疑惑地望向家興家門，又看了看家興，家興連忙跑進家中，喚醒正在午睡的父親。眾人好奇地望著父親與軍官在家門口談了一陣，接著才慢慢移往室內。

「快進來吧，這是家興。家興快叫爺爺。」父親輕聲地喚住正準備逃回房間的家興。祖父身上有一股濃郁的古龍水味，給人一種無法忽視的存在感。以前家興不曾見

家中角落的皮箱，負載著許多不為人知的鄉愁。

過祖父，兩人之間隔著全然陌生的距離。父親說祖父以前是空軍上校，軍中事務繁忙，連父親也好幾年沒見過祖父了。

祖父看上去孤僻，平時常一個人悶著，一句話也不說。每當祖父喊他下樓吃飯，家興總害怕與他四目相接，那炯炯的神情，彷彿能看穿家興心裡暗想的調皮勾當。祖父退伍後便獨居在城市北端的一處眷村。打從一開始他便不認定台灣這座島為家，常與左鄰右舍因小事起爭執，久而久之也與人越來越疏遠，變得沉默寡言，性情古怪。一次偶然聽到隔壁房舍太太的閒言閒語，祖父心裡氣得難受，不甘堂堂上校鎮日由人分說，一氣之下便拖著行李出走。

從家興小時候開始，祖父位在一樓的房間彷彿比軍事要地還戒備森嚴，往往一記眼神殺來，操著濃厚的鄉音喝止，便嚇得家興連一寸都不敢靠近。那扇門後充滿了神秘的味道，像魔術師的帽子般，永遠不知道裡頭會變出什麼戲法，長年深鎖的房門如祖父額頭的皺紋一樣複雜難解。

家興與父親在祖父搬來後，便遷往樓上居住，早晨一拉開窗簾，目光便與市井相接。花台上的黃金葛蔓附在翠綠瓷磚上，直挺挺地向下勾，每天上學前他便靠在窗櫺上望著樓下的人群。隔壁大媽騎著嘰嘰作響地腳踏車經過，準備開店的生意人朝外頭灑水，洗淨地面。他就愛這般熱熱鬧鬧的景況，生氣勃勃的街景像一幅畫，陽光為其鑲框，散發出生命獨特的氣息。

夕陽西下時分，整條街豆香四溢，那味道聞來光滑濃郁，與母親留在抽屜底層的那條牛奶色絲披巾摸起來的觸感一樣舒服，暖烘烘的斜陽讓人心情不自覺愉快起來。

此時。家興彷彿聞到樓下小火在大鍋底下細細煨著濃漿的香氣，便三步併作兩步地往樓下跑，手順勢與紅色的扶手樓梯欄杆一同向下滑。躡手躡腳地才正要靠近廚房，便被祖父宏亮的嗓門大聲喝止：「你那趴搭趴搭的腳步聲這般重，還怕別人聽見不成？」

祖父的好廚藝，增添了家興對他的好感度，祖孫倆的感情也隨之升溫。祖父似乎對豆腐情有獨鍾，每天桌上不時出現豆腐料理。家興喜歡看祖父煮豆漿，那豆漿的味道與外頭賣的特別不同，每當表面一粒粒氣泡，無聲無息嗶剝嗶剝地冒出來，祖父總會舀上一小匙讓家興淺嚐。剛煮好的濃漿淌入喉間，嚐起來格外甘芳香醇，他閒來無事總愛托著腮幫子，凝望著水缸中那一顆顆晶瑩的黃豆安靜地吸收水分，待浸泡一夜後，再將黃豆磨成豆汁，以小火慢熬煮成溫滑順口的豆漿。

祖父雖然七十好幾，但軍人嚴謹的紀律讓他仍保持著規律的生活，臉上永遠神采奕奕，動作也靈捷俐落。祖父細心地將豆漿濾去殘渣後，加入鹽滷等待其凝結成豆花，祖孫兩人再合力將豆花放入模板中成型。鹽滷是祖父的獨門秘方，讓豆腐添了分焦香味，在嘴裡嚼起來滋味也特別紮實。祖父會在天還尚未亮時，出外兜售昨日所製作的豆腐，補貼家用。

§

正逢十五，外頭的月特別清亮，大廳神龕上的紅色燭光，映照在土黃色的地磚上。飯後家興閒得發慌，眼見一柱香都還沒燒完，祖父便靠在藤椅上打盹，他靈機一動，跑到神龕前半跪，手掌合十，朝著神像默念幾句，便偷偷摸摸地穿過長廊，向祖父的房間走去。

通過黑濛濛的長廊，不知怎地也多了幾分涼意，他小心翼翼地握住那黃色木門的門把，驚喜地發現門並未上鎖。但一靠近門縫，便被一股說不上來的氣味震著往牆邊倒彈好幾步，那股味道好似摻雜著藥草腐爛的惡臭，又有些泥土的腥味。

家興深吸了一口氣來舒緩心中的不安，一想到泥土與腥味怎可能結合，便大膽地往裡面闖去。不料一推開門那氣味便大大方方地鑽了出來，裡頭烏漆嘛黑，他像盲人摸象般，胡亂在牆上揮舞，卻到處都找不著開關。忽然，他一不留神踢倒了某樣物品，匡啷一聲地把家興的魂都嚇飛了，冰涼的液體快速地攀上腳踝附近的肌膚，他倒抽一口氣趕緊往門外跑，跑了幾步後，又怯然然地回來將門帶上。

那天晚上，家興一直提心吊膽，早早就上樓做功課、上床睡覺，總覺得在自己的房間內彷彿也聞得到那股怪味，躺著床上連翻身都不敢，直到第一聲雞啼都還沒闔眼。

隔天早晨祖父並未過問任何事，與往常一樣在廚房裡低著頭，忙著將豆腐放在水裡清洗乾淨、裝袋後準備騎著三輪車出去叫賣。家興低著頭揹起書包準備去上學，完全不敢正視祖父的雙眼，連再見都說得特別小聲。

§

家興高職畢業後，被父親找去鐵工廠做學徒，鎮日敲敲打打，焊接些零件，自己也覺得沒什麼興味。他似乎遺傳到祖父的沉默，在工廠裡與人說話也不習慣直視別人，只顧埋首苦幹，久而久之同事也明白他的個性，讓他自個兒獨來獨往去了。

他週末放假時喜歡一個人到處閒逛，當時台美關係正好，中山北路七段有不少古董行與販賣舶來品的小店，街上也能見到不少美國士兵的蹤跡，雖然口袋總是空空，但沿著街道信步而行倒也有幾分快活。

家興喜歡在黃昏時爬上附近的小丘，地上的砂和著風漫天飛舞，整座城沐浴在一片橘紅之中，薄霧四起，讓周圍氣氛更加朦朧。小丘旁有一岔路，往左邊的小巷拐去，走不一會兒便可看到一座公園，晚上一旁的空地有臨時市集來擺攤，小販們總在這時間前來準備做生意，家興常在這裡填飽肚子後，才甘願漫步回家。

這天還未靠近空地，遠遠一股刺鼻而濃烈的味道立刻從他的鼻腔裡竄了上來，彷彿有條線箝住了腦中那些紊亂的思緒，記憶像傀儡布偶背後的縱線者，扯動著腦中的片段。

一名身形佝僂的老伯慢慢推著小攤車前來，由低而高拉長鄉音一邊喊著：「臭……豆腐……臭……豆腐……」上頭有鍋熱烘烘的油炸物，裡頭金黃色的外皮被撐得膨大而飽滿，老伯的臉孔因為鍋爐的高溫而顯得紅燙，身上微微泛黃的汗衫也有多處油漬。

左前方忽然傳來一群孩童的嬉鬧聲，手上拿著幾只鐵盤興奮地向家興站處奔來：「阿伯！我們要四塊臭豆腐！」

家興從來沒聞過這種味道的豆腐，驚奇的睜大了眼，看著老伯不發一語地從油鍋中夾出幾塊油炸過的豆腐，嗶嗶剝剝的氣泡在鍋中爭相出頭，老伯將豆腐在鐵架上稍微瀝了下油後，便夾入鐵盤中。

他用剪刀將豆腐剪成三角狀，隨後轉身從下方拿出一罐醃漬的高麗菜，從中夾了些放在豆腐旁，並淋上些醬油遞給了那群孩童。孩童們興高采烈地掏出幾枚硬幣，便端著豆腐蹦蹦跳跳地走開。家興趕緊也從褲口後袋撈出了幾個銅板，叫了兩塊豆腐來品嚐，雖然這種豆腐初聞帶著一種腐臭味，但聞久卻也有獨特之處。

「慢慢吃，別像他們一般狼吞虎嚥，那樣吃不出好味道的。」老伯瞥了一眼迫不及待在路中央就吃起臭豆腐的孩子們，向家興淡淡地說。

他用粗糙的左手接下零錢，右手在下方的黃色水盆浸了幾秒，隨即甩去手背上的水珠。這場面讓家興回想起祖父剛踏進家門的那天，父親一手拎起皮箱走在前頭，祖父的背影看起來好長好寂寞，走在最後的家興，發現皮箱所經的地上，落下一滴滴的水漬，間距隨著祖父的影子越拉越大，最後停在祖父的房門口。

§

臭豆腐那刺鼻過癮的氣味，從此在心中根深蒂固。

一向身體硬朗的祖父患了帕金森氏症，從入秋時分便開始住院，家興每天從鐵工廠下班後，就直奔醫院照顧祖父。醫院的自動門一開，那刺鼻的消毒水味便撲鼻而來，冰冷的白牆與充滿壓迫感的天花板，總讓家興十分難受。醫院腹地不大，從祖父位於八樓的病房窗外往下看，就像一座被監禁的高塔。病榻上的祖父等待的只是一艘小船，那船不必能威武地乘風破浪，只消能帶他返鄉，再一次站在彼岸的土地上。

而老伯也不知道什麼時候開始，不再來空地了。家興想起他單薄的身軀，那薄外衣是否能擋得了刺骨的東北季風？家興在家翻箱找了幾件厚實的冬衣，詢問了附近小販老伯的住所，循著指示往山丘上走去。

一看到屋子外頭那台斑駁的攤車，家興便加快腳步往前。老伯住在矮丘上的一戶以黑瓦覆頂的平房，外頭的竹籬笆被風吹得搖搖欲墜，半掩的門扉上貼了褪色的紅春聯，四角都翹了起來，看似很長一段時日沒更換過了，只剩空曠的風咻咻地貼近家興的耳邊。他小心翼翼地推開了門，映入眼簾的是一張圓桌，周圍散落了幾張辦桌常見的黑色靠背鐵椅。座墊上頭的牡丹花開得耀眼，與躺在右側的行軍床上病懨懨的老伯，形成了強烈的對比。

一聽到有人進來的腳步聲，老伯便喃喃自語，努力地嘗試撐起身子來。家興連忙半蹲跪在床畔扶起老伯，老伯的臉色蠟黃、眼珠混濁，說起話來也有氣無力。家興轉身到浴室拿了條毛巾，沾了水擰乾，仔細地將老伯的面孔擦拭乾淨，並到廚房倒了杯水給老伯。

老伯說，自己長期患有痛風的毛病，一到季節更迭之際，關節便會僵硬得無法動彈，以前年輕時在軍隊長年壓力的累積，更加遽他痛風的情況。天氣一冷，失眠的次數也越來越多，在八坪的小屋裡，一關掉家中的電視，整個空間就像月球表面死寂一片。

偶爾在睡夢中，他還會不時聽到鍋鏟聲。面對發作的痛風，他仍勉強地從床上起身，想去廚房見見自己內心深處發了狂想念的妻。但是每次等待他的，卻只有雕花窗上啪搭啪搭被風吹著的簾子。

老伯的妻子天生擁有好手藝，臭豆腐是她最得意的家鄉料理。兩人曾經在年輕時約好，戰爭一結束，便要一起經營一家小吃店，只賣夫妻倆最愛吃的食物，但戰爭卻將兩人分隔兩地，也將兩人的約定深埋在海峽之中。

來台後碰上戒嚴時期，想與對岸傳書信可說是難上加難。於是他便藉由味道來表達對妻子的思念，每日不斷嘗試模仿妻子的料理味。在家中外頭利用廢料，搭了個鐵皮棚子，找了有水源的地方，用橘色水桶泡著自己在山上摘取的青菜梗與藥草，等待長時間的發酵後，便用黑色的菜簍浸漬豆腐，企圖提煉出妻子舊時料理的特殊風味。

一聞到臭豆腐的味道，就好像妻子在他身後，叨叨絮絮地說著今天生活的趣事，彷彿兩人談笑風生的時光就這麼被氣味召喚回來了。只要一推著攤車出外，那種溫暖的感覺便像一團雲霧一樣尾隨、守護著他。

在白色恐怖的時代，老伯選擇噤聲保全自身，為的只是期待哪天能回大陸與妻子見上一面。但對世界故步自封的結果，讓他的世界縮得好小，臭豆腐的氣味就像他的發聲工具，那特殊發酵過後的味道，就像被加密的文字，寫著自己在時代中的掙扎，是一種渾沌而痛苦的鄉愁。

§

台灣解嚴那天，家興的兒子出世。家興以老兵之名，將其取名為火旺，期望他能興旺整個家族，像燎原野火一樣韌性的燃燒。他也一併辭去鐵工廠的工作，期望這把新生之火將過去的生活了結。火旺誕生次日，家興帶著一身從老伯那傳承下來的豆腐技藝，開始推起老伯的攤車，拉長嗓子到附近的街坊四處叫賣臭豆腐。

即使是假日家興也不得閒，整天都得待在家裡製作下週要擺攤使用的泡菜，他往往一大早就趕往傳統市集，在一群婆婆媽媽之間擠出通道，買上數顆新鮮的高麗菜。其後坐在家裡的門檻上，細心地將高麗菜剝成一葉一葉，用鹽巴抓一抓，等高麗菜出水之後瀝乾，加上醋、糖、香油與胡蘿蔔絲放入大塑膠桶中攪拌，就這樣重覆著一樣的動作，一天大約可做三大桶泡菜。一直等到太陽沉去，快看不見影子之後，他才勉強撐起身子打了個呵欠，進門去看看妻子芬美與火旺。

幾年下來，家興逐漸打起自家臭豆腐的名號，累積許多熟客，攢了點錢，在市區一隅租了間小店面，起了個店名叫「老地方」。從晚上八點賣到凌晨二、三點，由於物美價廉，芬美又待人客氣，總是殷勤地招呼顧客，雖然店面地段不是絕好，老地方卻意外成為都市夜貓族會面的好去處。

這天開店前，家興坐在椅子上，看芬美不斷來回切著蔥，望著地上剛批來的一落臭豆腐，輕嘆了口氣起身，開始準備等會兒晚上開店用的食材。他撕開塑膠包裝，俐落地將臭豆腐放在大鍋中，轉開水龍頭讓水淹過臭豆腐，一面換置新鮮的大豆沙拉油，前晚用完的油桶裝上塑膠袋，便成了新的臨時垃圾桶。

雖說是新添購的店面，但屋齡也有二、三十年，店外頭仍保留著舊時的綠色紗窗，縫裡卡了不少灰塵。家興想等隔天早上再一併清洗窗子，順便把窗溝清一清。怕地板滴油難清理，家興便向附近的雜貨鋪要來許多紙箱，攤開平鋪在地上，攤車上那盞佈滿灰塵的白光燈泡好像也該換了，光線看上去好似有些黯淡，他將鐵架掛勾上的三、四把鐵椅一字排開，準備等待客人上門。

今晚店內生意不錯，家興與芬美在店裡忙進忙出，熱烘烘的鍋爐讓夫妻倆汗流浹

綠紗窗與木窗框，是一種隨時能開始緬懷過去的存在。

背。他一手將臭豆腐從鐵鍋邊滑下，一手用夾子來回翻面，他習慣用中火慢炸四到五分鐘，等待豆腐內部組織漸漸鬆弛，金黃色的外皮鼓起，變得圓鼓的豆腐便會吸附著油的孔洞往上浮。

幾個彪形大漢從騎樓大搖大擺的走進店裡，芬美趕緊小跑步拿著菜單前去招呼。「喂！拿兩瓶啤酒過來！動作快！」阿虎一邊吆喝道，一邊拍了一下桌緣。阿虎是附近地區的有名的混混，背後的靠山個個有不小來頭，因此連轄區員警也拿他沒輒，便睜一隻眼閉一隻眼，任憑他在鄉里為非作歹。阿虎生得一臉橫肉，脖子上掛了條粗大的金項鍊，一坐下來把腳彎橫地交叉跨在另一張鐵椅上，一面用打火機點起菸。

芬美一刻也不敢怠慢，連忙從冰箱拿出幾瓶啤酒與小玻璃杯，陪笑道：「這多的我們招待。」幾個兄弟一旋開瓶蓋便開始牛飲，帶頭的阿虎則對著電話的另一頭狂吼：「人還沒到嘛！快點給我把人約來臭豆腐店！巷口的那一家！」

過了幾分鐘後，外頭突然一陣引擎聲大作，幾盞改造過的車頭燈刺眼地讓家興無法直視來人的面孔。只見帶頭的男子身上穿了件黑色蛇紋的上衣，帶著幾個人像風一

樣倏地衝進店裡，蛇紋男左手揪住阿虎的衣領，右手不由分說地就向阿虎揮了一記拳頭過去，那力道讓阿虎整個人往桌子一傾，乒乒乓乓的聲響並起，酒瓶碎片就這麼散落一地。

阿虎跌坐在地，拿起旁邊的酒瓶頭猛地就往對方臉上砸去，店內瞬間成了戰場，一張椅子朝滷味櫃砸了過來，芬美整個下午辛苦熬煮的雞爪、豆干、海帶……像屍橫遍野的士兵。家興嚇壞了，只能對著支離破碎的店面乾瞪著眼，身型瘦小的芬美則跑到廚房後方，含著淚，在角落裡一邊發抖，一邊趴在水桶旁洗豆腐……。

那天之後，店內的打架事件更是層出不窮，警察無力掃蕩的惡勢力，讓夫妻倆整日提心吊膽，街坊鄰居也沒給兩人好臉色，打電話向市民熱線抗議老地方的治安問題，連臭豆腐的氣味也遭人投訴，說那氣味刺鼻難忍，聞了便想發吐。

家興索性將臭豆腐從菜單上拿掉，炸臭豆腐的油鍋也被束之高閣，他心中關於臭豆腐的美好記憶何其多，怎麼樣也不容許被汙名化。

環保局三番兩頭跑來稽查環境，害得家興連生意也做不下去。

看著自己一手打造的老地方變成暴力與髒亂的代名詞，滿腹苦水也只能往自己心裡吞，不久環保局便發函勒令家興休業半年。最後一天營業時，家興親自拉上了深藍色的鐵捲門，在門上張貼了暫停歇業的啟事，離開時走了好長一段路，還忍不住頻頻回頭望。

§

「祖父過世了，回來一趟吧。」父親在電話的另一頭，聲音平靜如退潮的海流。

那天睡夢中接到父親來電，恍惚中突然回想起祖父的臥房，記憶像遠去的船掀起的水紋，一圈一圈地把他帶進如異界般的時空，醒來之後卻什麼也不記得了，只覺得有種熟悉的味道，彌漫在記憶裡，想到他這不禁鼻頭一酸，一滴淚給落在方向盤上。

自從轉做臭豆腐生意後，家興大部份時間埋首於工作中，有好幾年沒回過家裡，連附近的路也不熟悉了，剛繞進一條岔路，越開景色越不對勁，才連忙倒車掉頭。車子朝左方的產業道路緩緩駛去，好不容易看到熟悉的標的，家興才放下心來。遠處老吊橋前的那兩棵茄苳樹與榕樹，依然綠意盎然、枝枒四伸，好像從來沒有變老過。

祖父逝去前最後幾年，是在郊區的一家養老院度過的。記得有一次，家興特地帶了祖父愛吃的海綿蛋糕與葡萄去養老院探望，他推著祖父到戶外曬曬太陽，那天陽光篩過層層樹葉，照在祖父年邁的面孔上，兩人就這樣沉默地在大樹下，度過一個漫長的下午。傍晚將祖父推回病床時，祖父用盡力氣地握緊了他的手，一直到背對著祖父往門外走時，家興才敢流下淚來。

後來，祖父半沉睡的時間越來越長，那日漸僵硬的身軀讓家興看了更是心生不忍，父親則終身未再娶，孑然一身，無怨尤地每天往返三小時親自照料老父，一直到祖父過世當天，父親都守在他的身旁。

§

家興將車停好，眼前的世界好像完全不一樣了。紅磚頭砌成的屋與花朵磁磚嵌得恰到好處，整條街也換上用木條製成的新玻璃窗，以前滿坑滿谷的豆腐店，現在也全改打臭豆腐之名，麻辣、紅燒、清蒸等一排字樣順序列下，讓人眼花撩亂。

廟宇左方掛了一整排紅燈籠，一直延伸到騎樓的屋簷下，廣場上的兩支陽傘給風吹得鼓鼓的，像是永遠無法起飛的兩只風箏，豢養著一只孱弱的老攤車。攤車上頭妥貼地放著五個小盆，九層塔、酸菜與小黃瓜特別用鋁箔紙包裹著，台式泡菜、蘿蔔乾則裝在透明容器裡，背後直挺挺地躺著好幾十隻用竹筷插著碳烤臭豆腐。面對人事已非的環境，他的思緒被各種不同氣味的臭豆腐給掩蓋，頓時不知該做何種反應。

他在四十九號前停下，家裡不知何時換了冰冷的雕花鐵門，推開門，父親正坐在藤椅上打盹，父親衰老的速度令家興驚訝不已，斑白的頭髮與滿臉的皺紋，看起來與祖父越來越為神似。

告別式那天早晨，家興推開了祖父的房門，希望尋些祖父的遺物帶至火葬會場。

牆壁上的「滿」字，在少了祖父的房間中，顯得格外黯淡。

祖父的房間格局方正，嫩綠色百葉窗上佈滿了厚厚的灰塵，陽光從縫隙間淌下，空氣中彷彿能用肉眼瞧見懸浮微粒，因為久無人居，空間中還散發著一股陳舊的霉味。

在那恍若異次元的空間裡，放眼望去除了床、書桌椅外，還有不少黑色水桶，地上則布滿了腐爛的菜梗、枯葉，還有幾隻果蠅在上頭打轉。桌上放著一只雕花相框，黑白相片中的祖父看上去大約二十幾來歲，大夥穿著挺拔的軍裝，與軍中袍澤咧嘴笑得好不開心，家興的餘光瞄到左側一張熟悉的面孔。那顆位於左下眼角的痣，讓他一臉就認出是臭豆腐老伯，下頭留著祖父蒼朗的字體：同鄉林火旺、蔡東瑋、陳之浩、謝穎中於 B-26 型機前合影，民國五十一年。

記憶中那黑魆魆的房間，事隔多年後終於重見天日，突然一切就像一片片拼圖各自歸位。祖父一直都沒有忘記過家鄉，只能在狹小的房裡等待腐爛的蔬菜在水裡發酵成浸泡液，一塊塊嫩白的豆腐在桶中囹如居無定所的小島，就像從來不屬於任何地方的自己。

臭豆腐的氣味，像一隻蟄伏在暗處的刺蝟，隨時準備出其不意地襲擊毫無防備的

人們，帶刺是一種保衛，卻也是一種害怕接近的恐懼。隨著年華逐漸老去，那股充滿慾望與沉苦的味道，在祖父與老伯的靈魂裡揮之不去，就像一封永遠寄不到對岸的家書，書寫著生命中的糾結與遺憾。

家興漫無目的地在鎮上兜踅，老街依然生氣勃勃，不時傳來臭豆腐濃郁的香氣，固執的在空氣中遲遲不肯散去。同一種氣味，卻在每個人心中烙下不同的生命印記，是一段陪伴的存在證明。

半年後家興的臭豆腐店重新開張，沒有任何招牌，菜單上也撤去了臭豆腐，成了唯有老饕才知道的私房菜，彷彿一切都沒有改變過。但他知道，有些東西在內心深處是不會消失的，只有一起走過這段日子的人，才懂最刺鼻的，往往最刻骨。

參、而我明白

樟腦

香

茶

樟腦

那些所在乎的歸屬

圖文／楊佳靜　攝影／蘇冠心

樟腦濃郁撲鼻的氣味，喚醒村裡每一天的晨光。

天空一片清澈的淡藍，一列橘紅色的火車正隆隆地駛過田野間。順天站在高處的空地，看著遠方的列車從眼前穿越，而四周低垂的蘆葦草隨風搖曳著。他低頭拿起鋸刀，劈著剛運來的檜木頭，整個人沉浸在周圍寧靜的鄉間景色，鋸刀劈下木頭的聲音，每一下都如此地鏗鏘有力。

一旁的卡車上，載滿前幾天被砍下來的樟木與檜木，順天使盡力氣地將它們一棵棵剖半，等身邊累積了足夠的木柴後，他便準備開動刨木機，用機器將木頭刨成更細碎的木片。

鏈帶嘎嘎作響地轉動著，木頭塊在機器上迸出如火花般的木屑，在空中胡亂地紛飛。順天再度拾起了另一塊木頭，重複著一樣的動作，機器那單調卻讓人心安的聲音，已經與他相伴好幾十年。此時，一部轎車停靠在路旁，駕駛滿臉疑惑地探出頭向他問路。「這裡是樟樹村。」順天和氣地回答迷途的駕駛，然後指向正確的方向。年輕的駕駛向他道謝後，好奇地詢問起地名的由來：「這裡真的有很多樟樹嗎？」

順天微微一笑，在幾十年前，村落往昔的樣貌與現在相去甚遠，不僅被茂密的樟樹林環環包圍著，周遭的山丘上同樣也是綠蔭密佈。當時的樟樹多又密集，樹幹既粗且高壯，早在百年以前，這裡便因樟腦業的發展，而有了樟樹村的稱號。

順天從小便在村裡長大，他常聽祖母說著過去樟腦村的發展。在百年前仍是清治時期的台灣樟腦產業，已有相當的規模。當時樟腦的用途甚廣，具有非常高的經濟利潤，在民間興起一股上山伐樟熬腦的風氣。

然而，入山開採樟腦的風險極高，漢人與原住民之間時常爆發衝突，使漢番之間形成劍拔弩張的局面，直至當時的巡撫設置了腦務局，並上山撫番，開採的問題才漸漸緩和下來。而樟腦業的發展，並未因各種困難就此打住，其高附加價值仍吸引許多外國商人不惜重金私下交易。日治時期政府更將樟腦視為政府專賣的重要出口產業，持續大加砍伐與種植樟樹林，讓台灣的樟腦產業達到外銷的高峰。

樟樹村便在當時成為重要的產地，村裡面住著許多採伐樟腦的工人，又稱為腦工，他們都是通過測試後領取執照，具合法開採資格的專業人員。

曾以製腦產業聞名的村落，過去隨處可遇到扛著木頭的腦工。

腦工不僅得學會分辨不同種類的樟樹氣味，還要有健壯的體格，才能跋山涉水，帶著磨刀、工具與熬製成的一袋袋樟腦往返於山路間。這一路的開採從台灣北部延伸到台灣南部的山區，原本在北部山林一帶的客家人，開始往南進行開採，順天也有好幾個親戚因此舉家向南遷徙。

早年村落周圍的山區，有好幾座製樟腦的腦寮。腦寮指的是用竹木和茅草搭建而成的簡陋工地，裡面有蒸餾樟腦油用的木桶，以及各種伐木的器具，通常就座落在樟樹林旁邊。腦工們在山林裡砍伐下樟木後，便直接到寮房裡進行刨木、熬煮以及蒸餾等過程。

順天記得小時候常看到村裡面的腦工們，一早便提著大大小小的工具上山，再帶著一大綑滿載的麻布袋下山。每每經過他們身旁，便能聞到一股濃濃的樟腦味道。他總是對那些工人感到好奇。當時身材瘦小的他，老幻想著長大後也能像那些體壯的工人，昂首闊步地抬著厚重的麻布袋下山。

或許是因為環境使然，加上小時候對製腦業的憧憬，成年後的順天自知要習得一技之長，便找到了現任老闆剛成立不久的樟腦廠，順應潮流地加入了腦工的行列。

順天剛進樟腦廠的頭幾年，正是老闆準備從老老闆那接手經營的時候。老闆在孩提時期便開始跟著老闆的父親上山，在腦寮中幫忙，從簡單的燒柴、裝袋開始，放學後的時間幾乎都在山上度過。第一次見到老闆，順天便為他年輕卻充滿歷練的沉穩氣息感到佩服，他製作樟腦的功夫遠遠是同輩之上。

老闆的父親約在日治時期踏入焗腦業，當時日本政府嚴加控管產業經營，不僅繼續實施專賣制度，並成立樟腦局專門管理資源的流動。由於台灣的氣候與土壤培育出的樟樹品質特好，因此日本政府非常著重樟腦業的發展，更改進生產方式，大大地提高樟腦的製油率。

日治時期的工錢統一由樟腦局發放，腦工的收入較其他產業來得優渥，享有許多待遇，像是免除兵役以及較多的食物配給，老闆常提到小時候家裡總能比別人家多領得幾斤豬肉和稻米津貼，家人也以從事製腦業為榮。因此，在當時的環境下，腦工比起其他粗重的工作相對穩定，日子也好過得多，即使必須與險惡的自然環境奮戰，不

時還得面對漢番衝突，村裡仍舊有許多人願意投入焗腦業。

台灣光復後，老闆的父親靠著長久累積的專業能力，成立了自己的樟腦廠房，不再親自到山中伐木，而是請工人運送原料來廠裡。由於從小跟在父親身旁工作，年紀輕輕的老闆已掌握純熟的製腦技術，且具有豐富的經驗，順天便在老闆的悉心教導下從頭學起。

老闆工作時總是非常認真，對於製作過程的品質也十分嚴苛，剛開始工作沒多久，順天便吃了不少苦頭，尤其是學習分辨樟樹味道的部分。台灣的樟樹種類包括本樟、芳樟、陰陽樟、油樟、牛樟、栳樟、冇樟七種，真正會被拿來製成產品的，只有本樟與芳樟兩種，因此分辨不同種樟樹的氣味，是腦工必須具備的基本能力，不同種的樟樹絕對不可以混合在一起蒸餾，否則是榨不出一丁點樟腦油的。

初期順天對於樹種的分辨一直十分苦惱，它們清一色是暗褐帶著縱溝紋的木頭，對剛踏進焗腦業的他來說，很難去分別其中的差別。原來小時候的印象裡，那些高壯腦工們還個個備有靈敏的鼻子，順天說服自己要更加努力地聽從指示，不斷地練習如何以嗅覺來分類不同的樹木。他拿起一塊又一塊刨好的樟樹匕，低下頭來一遍又一遍地聞過，仔細地去記住這些木頭中帶有的清香，以及其中所蘊含的細微差異。

如今，他不僅能夠輕易地辨別各種樟樹種類，更習慣鎮日被濃濃的樟腦味包圍。樟腦的味道初聞有些刺鼻，卻又帶有樟樹的天然香氛。那味道總會讓他想起小時候家中常擺放幾罐瓶裝的樟腦油，不僅可以拿來驅蟲，還有醒腦的療效，他的母親和來村裡的婦女們，總隨身帶上一小瓶來提神，在這樟樹村裡，可說是家家戶戶都十分熟悉的味道。

樟木濃郁迷迴的味道，即使離開工廠前清洗過幾次，仍舊可以聞到殘留在指間的芳香。那染滿雙手的氣味，跟小時候常遇見的腦工們身上傳來的氣味一模一樣。順天想到自己竟也成了那一列腦工中的一員，獨特的香氣伴著他行走在村里之中，總覺得有些不可思議，卻也有種不可言喻的成就感。

§

每天一早七、八點，順天便會來到老闆的工廠裡，砍伐樟木、將其刨成較薄的樹匕，然後放到紅磚窯上的鍋爐榨油，接著將堆積在一旁的廢棄木柴集結起來，當作蒸餾的燃料。等木柴送進蒸鍋爐開始燃燒後，便利用蒸氣榨出樟腦油，被蒸出的腦氣會往上升騰，遇到鍋蓋後開始凝結，遇到冷空氣後形成的結晶稱作腦砂，那純白、細小的砂粒可說是樟樹的精華。

而榨出的樟腦油會從鍋爐底部流出，經過冷卻後，再以油水分離的方式，將樟腦油裝進桶內，拿去做更進一步的產品製造。榨不出油的樟樹匕可以當作下次蒸餾的燃料，他也曾遇過樟木送來的量太多，與老闆在廠房待上整整二十四小時不停工作的時候。

即使工作總是日復一日地循環著，每一次順天仍會耐心看著淡黃色的腦油，緩緩流入鍋爐下的桶中，他會從旁不斷加進生水，讓浮在水面上的樟腦油流進側邊的油箱內。最後將手指頭伸進油箱內，拿起來嗅一嗅，確認腦油的品質，好的天然腦油黃澄純淨、沒有雜質，聞起來有樟樹的清香，好似還暗藏著一股深遠綿延的歷史記憶。一旁整桶潔白無瑕的腦砂，一打開蓋桶，更是傳出一陣濃郁撲鼻的樟腦味。對老闆來說腦砂就如珍寶一般，具有高經濟價值，還有許多神奇的用途。

然而一般二、三十年的樟樹是沒有辦法形成腦砂的，樹齡五、六十年以上的老樟樹才可能蘊藏有這純白晶瑩的天然寶物。

順天在樟腦廠一待就是好幾十年，歷經了外在環境的遷移與變化。剛進老闆的樟腦廠時，只有兩座紅磚堆砌成的樟腦磚窯以及兩爐蒸氣木桶，後來逐漸開始添購了發動機，榨油鍋爐的數量也增加到五大桶，更添了許多運輸管線，減輕不少人力負擔。而順天只是安分守己地做好自己的工作，從剛開始的吃不消，到後來工作越來越得心應手。

老闆從年輕的經營者到成家立業，始終認真地對待樟腦廠的工作。對於這份傳承將近百年的祖傳事業，老闆身上所背負的強烈使命感與奮鬥的態度，也漸漸感染了順天，他以行動表達對老闆的欽佩和支持，幾乎天天來到廠裡報到。但外在環境無法阻擋大時代的變遷，挑戰如猛烈的潮水般襲來，讓順天與老闆一家不得不去面對接踵而來的遽變。

純白無瑕的腦砂，是樟木經由歲月所淬煉出的精華。

日治時期結束後，全台各地的樟樹數量已經減少許多，由於日本政府大規模地開墾與砍伐，加上樟樹復育的速度慢，使得每一年能被製成樟腦的樹木越來越少。而戰後焗腦業者面臨樟腦需求量的降低，加上開放廉價化工品大量進口，不論是火藥還是一般的驅蟲家用品，都逐漸找到可以替代樟腦且價格更低廉的產品。樟腦的種種功能，逐漸被許多化學加工品給取代，焗腦業也從手工走向機械化，造成樟腦產業的式微。

民國五十六年政府正式開放樟腦產業民營化，順天記得當時老闆告訴他這件事情時，臉上寫著滿滿的無奈與憂愁，未來樟腦將不會由公部門統一收購，得靠自己去闖出一條生路。

順天明白這對樟腦廠而言，會是多麼嚴峻的挑戰，他知道老闆壓根兒沒想過，曾是重要的國家經濟命脈，更在世界佔有過半出口量的台灣樟腦，從歷史上消失的速度竟如此快速。

早年農人開墾土地時若遇到擋路的樟樹，砍倒樹木後便會深埋在田土裡，後來只要有人開土挖到粗大的樟樹，便會自動送到老闆的樟腦廠。樹幹裡往往蘊藏著滿滿白透發亮的腦砂，好似一顆顆細小的鑽石。

隨著時間的流逝，順天手中握著的樟木越來越細，以前那種幾百年的巨木，已不復見。即使裝滿了五大鍋爐的樟樹匕，卻僅能榨出幾十公升的樟腦油，與過去的品質相去甚遠，那需有一定樹齡才能產生的腦砂結晶，數量更是變得稀少且彌足珍貴。

廠裡的老工人們因為年齡與體力不堪負荷，一個個逐漸離去，而傳統焗腦業這種粗重吃力的工作，也沒有新一代的人願意嘗試。但老闆仍秉持著傳統樟腦天然的製作方式，堅持原料得取自真正的樟樹。順天瞭解，這座樟腦廠是老闆對家族精神傳承的堅持，他不願與廉價的化學原料妥協，讓工廠產出的樟腦從此變了調。

老闆原本在化工廠上班的兒子阿華，從高職畢業後，便到香皂工廠上班，習得許多相關技能與知識。他看見家中樟腦廠囤積了越來越多的貨物，而日漸蒼老的父親始終眉頭深鎖，他一向充滿幹勁與精神的臉龐，好一陣子都蒙上了一層憂鬱的色彩。

做兒子的期望自己能為祖傳的家族事業盡一份心力。當他看見順天在廠裡忙碌時，總會立刻拿起工具在一旁幫忙，望著一鍋鍋的樟腦，向順天傾訴著家族產業的種種煩惱。

順天默默地附和著阿華，他眼前這個從小看到大的年輕人，自小古靈精怪，鬼點子特別多，但卻對父母十分依順，從小放學後便會到樟腦廠來幫忙，和順天的感情特別好，也培養出敏銳的鼻子，對於各種樟樹的味道都瞭若指掌。

順天看得出來他對於家中樟腦廠的擔憂，在化工產品大量進口與生產的時代，單純的樟腦製品勢必只能在這股潮流中，逐漸被遺忘與汰換，讓老闆常哀嘆想要退休關廠。雖然順天知道對老闆而言，樟腦廠是如此地難以割捨，但他也確切地了解經營的困境，心裡常常暗自焦慮，甚至試想過最壞的情況。

儘管如此，順天的內心深處其實仍懷抱著一絲期望，也許還有什麼能夠轉變的契機，為樟腦廠找到一條新的生路。順天抓起刨好的木片，深深吸了一口，本樟那熟悉的味道，讓他不禁湧起一陣感傷和不捨。

老工人們一個個離去，只剩廠裡的鍋爐仍靜靜地等待著。

順天突然回想起，剛開始學習分辨樟樹氣味的時候。當時年輕的自己多麼渴望成為真正腦工的心情，又想到與自己相伴將近一甲子的老闆，曾一起見證台灣樟腦出口最輝煌的黃金歲月，到現在歷經時代的更迭，如今只剩下他一個老工人還守在這裡，而曾富盛名的小村落僅存的唯一一座樟腦廠，其未來竟是如此黯淡與絕望。

順天忽然轉頭望向阿華，緊緊握住他的雙手，用真摯的語氣說：「這間樟腦廠的未來，就看你了。」阿華剛開始的神情還有些訝異，然後用一種堅定的眼神回應順天，他點點頭，繼續把木柴放到刨木機上，旁邊的蒸餾鍋爐還在滾滾沸騰著。

§

過了一陣子，順天聽說阿華決定要自行創業。阿華發現過去所提煉出的樟腦丸與樟腦油，大眾使用的目的較單純，通常只為驅蚊防蟲，很容易取得替代品。因此阿華結合以前在香皂工廠習得的技巧，開發出更多樟腦的延伸產品，而老闆也決定讓他放手去試試。

樟腦香皂、樟腦噴霧、樟腦洗髮乳與精油等便自此誕生，阿華以老家的樟腦原料為基礎，持續在自己成立的生化科技公司研發新產品。而順天依然賣力地工作著，一心想為阿華榨出最好的樟腦油，還有取得寶貴的腦砂，工廠從沒停止運轉過。

剛開始推出的產品並沒有獲得太多的迴響，甚至在營運上虧損了好一陣子，靠著老闆一家人鍥而不捨地積極向外推銷，以及老家廠房舊有的名聲，才逐漸累積起口碑。近來天然與養生的風氣又盛行，講求天然的副產品不斷推陳出新，才慢慢讓帳簿上的赤字轉虧為盈。

自從有了店面後，本來冷清的樟腦廠也開始有些改變，三不五時就會有民眾停車下來到店裡閒逛，也有人特地前來工廠參觀。即使現在的樟樹村周圍已經看不見茂密的樟樹林，而樟腦廠的未來仍有諸多變化的可能，但順天下定決心，只要自己的身體還允許，便會繼續到廠裡工作，與這座樟腦廠一起腳踏實地走下去。

這間碩果僅存的老樟腦廠，見證了一段有關台灣經濟發展的歷史，從每一任政府搶著專賣的黃金時期，到最後被棄守轉而開放民營，歷經峰迴路轉的顛簸過程，總算在大家的努力下得以續留保存。

對順天而言，樟腦在他心中所代表的意義其實非常單純，卻也非常重要，那股濃郁的氣味早已是與自己劃不清界線的一種存在。從小生長在樟樹村，長大後又成為製腦工人，並與老闆一同在樟腦廠打拼了好幾十年。他是一個戀舊的人，不論遭逢任何的巨變與危難，他選擇堅守著自己的崗位，確保這座廠房仍循著自身的步伐運轉著。

順天所做的這一切，都只是為了要維護這個記憶中，總是環繞身旁、難以割捨的特殊氣味，那是股沒有任何化學配方、唯一讓他真正感到心安的天然芳香。他希望每一天早上都夠在工廠前的空地伐樟刨木，同時眺望著整個村裡的田野風光，安靜專注地工作下去，用沾滿樟腦油氣味的雙手，繼續守護著這座老廠房，製造出和記憶中一模一樣的香味。

過往曾歷經的那些繁華歲月，如燒盡的木屑般，在空氣中逐漸散落消逝。

香

永無止盡的回溯

圖文／蘇冠心　攝影／楊佳靜

在點燃的每一瞬被想起，在燃燒的每一瞬開始思念，在線香灰落下的每一瞬，更靠近思念的人。

剛過秋分，黑夜一天天地追上白晝，室內一片翳暗，只剩下神龕上暗紅閃爍的燭光，映著貨架上的香品，時間給高處的香盒染上一層灰，一股頹靡氛圍湧上美桂心頭。

父親的遺照高掛店牆，黑白分明的影像攫去了生命的色彩，照片裡的父親嘴角微抿，眉宇深鎖，看上去有幾分憂愁。這張照片是幾年前，父親為了探望旅居美國的大哥，辦護照前特地上相館照的，臨行前父親卻因肺癆住院，病情漸日惡化，來不及踏出國門，人就被永遠留在這框中了。

少了父親的香舖，就像靈魂被掏去似地沒了生氣，任憑歲月蝕去牆面，跟隨著父親離去的腳步，一日日衰老。

美桂將店門外展示的香支一筒筒收進店裡，準備拉下鐵捲門，街道沐浴在一片月色之下，美桂一個人站在老舊的騎樓外，望著天色發愣。

香舖寂寞地聳立著，只剩美桂的影子陪伴它蒼老的身軀。

§

從日據時代開始，這間香鋪便與父親一同默默地守護著美桂一家人，台灣這塊土地上的世事變遷，它也不曾缺席。

台灣光復那天，街頭被人潮擠得水洩不通，巷頭到巷尾皆能聽見不絕於耳的鞭炮聲，家家戶戶吟唱：「台灣今日慶昇平，仰首青天白日清……」，街上打鐵鋪隔壁有一暗街仔（註一），往裡邊看去一片漆濛濛地，再往下走幾步卻柳暗花明。遠方光亮處有一幢三層樓的雕花平房，門口整齊地堆放著一簍簍香支與好幾只香爐，陣陣薰香滿溢於室，美桂伴隨著群香的祝福，在此呱呱墜地。

「美桂天生就是香鋪的女兒！」父親總愛逢人說道美桂剛出生的往事。她抓周時什麼也不碰，偏偏往角落客人訂貨的香環盤爬去，抓起一旁的香環開心地咯咯大笑。父親見狀心喜，直說香環是團圓之意，這小孩生來就是維繫家族的。果不出其然，當家中其他小孩都在街上嬉戲追鬧之時，只有美桂總好奇地在香鋪裡打轉，東看看香罐，西摸摸香環，染得滿手香粉，常惹得母親頭疼。

在炎熱而密閉的空間裡，父親與香粉鎮日為伍。

美桂的祖父在一場內戰中逝去，五個孩子皆由祖母一手帶大，祖母手藝巧，鄰居全找上她做縫紉代工，一家人靠著微薄的針線收入維生。隨著眾小孩年歲增長，生活開銷隨之提高，家中經濟情形每況愈下。身為家中長男，父親選擇挺身而出，接下祖父未了的責任，一肩扛起家中生計。在大伯的介紹下，父親小學還沒畢業，便向當時有名的製香廠拜師學藝，希望能習得一技之長，讓母親與弟妹過更好的生活。

天才濛濛亮，父親便獨自步行到離家十公里外的製香廠當學徒。當時廠中設備簡陋，鐵皮屋四周悶熱、不通風，加上為了防止香粉四散，風扇也是不許開的。當時高掛在天花板上的電扇，對父親來說就像奢侈的裝飾品。燠熱的夏天一到，工人們常常站不了多久，背部便冒出一顆顆斗大的汗珠。

早熟的父親對這些挑戰不以為意，跟著師傅們開始學習調配基礎的原料，從打底、上粉到曝曬，一路穩紮穩打，以求精準地掌握工作步調。當別的小孩還在家門前，玩著騎馬打仗的遊戲，年幼的父親卻已嘗到披星戴月的滋味。進入製香廠的第二個暑假，父親已經比同齡的青少年高出一個頭，臉上的濃挺劍眉與剛毅的輪廓，讓他看上去倒不像是初中生的年紀，細心勤快的工作態度，也特別受師傅信賴。

二次大戰期間，日本總督府頒布皇民化政策，積極利用宗教培養台灣人的民族意識。其中一項為正廳改善運動，要求人民將家中供奉的祖先牌位取下，改奉日本的神明符，嚴厲的執法準則一度讓台灣的佛具、金香行的生意大為受創。

總督府宣布皇民化政策的幾個月前，父親才風光地在熱鬧的和平街建起一間香舖。香舖後方有一小型倉庫，是父親手工製香的工作廠。面臨政策的壓迫，香舖生意也受到不小打擊，店裡常出現門可羅雀的情形，但個性好強的父親不以為意，仍咬著牙關撐了下去。

天還泛著魚肚白，父親便揹著襁褓中的孩子，拖著整車成袋的香枝，到市中心的廟宇販售。他積極地向進香的信徒，推銷自家的手工香枝，直到正午時分，廟前的紅香爐插滿了父親兜售出的香枝，才心滿意足地準備收工，回香舖繼續製香。

香爐裡燃著的每一支香，散發出素樸的香氣，順著裊裊白煙翳入了天聽，它們拚了命燃燒自己的模樣，就像父親奮力挺住這個家的背影，永遠停留在美桂的腦海中。

中日戰爭後期，戰場情況白熱化，披上日本國旗高唱軍歌的台灣青年不在少數，造成當時人心惶惶，僅能藉由宗教來尋求心靈上的慰藉。插香祭神的盛況一時之間蔚為風潮，家中香鋪頓時忙得不可開交。每日父親忙不迭地從倉庫搬出一箱箱的香品，讓孩子們幫忙秤重、裝袋，全家人的身影在店中不停穿梭著。

香鋪聲勢如日中天，店內時刻香氣繚繞，越來越多的客人試香、聞香，人人臉上都被溫熱的香氣給薰得紅通通。

父親總說，香支散發出的香氣，是人間與天庭溝通的語言，幼時的美桂心裡還懵懵懂懂的，只是一味跟著大人們燒香、默拜、禱念，彷彿這樣做，所有的願望便能一一實現。

§

「凱皓，把剛進貨的香粉搬到倉庫裡，等下來幫我調配香粉。」年關將近，店內訂單比平常多了一倍，父親沒停過手邊的工作，正快速地糊著香袋。

凱皓是美桂的大哥，背對著父親用嘴形跟美桂咕噥了幾句，便搬著香往後方的倉庫走去。

美桂很快地讀出大哥的嘴形：「妳是女的真好，不用進工廠。」

其實，美桂心裡很嚮往大哥的工作，傳統製香業有條不成文的規定，認為女生不能參與第一線的製香過程，因此美桂只能跟在母親身後，幫忙糊香袋、曬香等後期工作。

小時候美桂總愛趁父親工作時，偷溜進工廠，挨在父親身旁，揣些粉末放在手心，一面將鼻頭湊過去猛聞，她最愛檀香粉的味道，那香氣清雅醒神，讓人心情得以鎮定下來。

出自於父親之手的每一支香，是他留給家人最後的陪伴。

看著父親皺著眉頭，推了推鼻樑上的眼鏡，口中念念有詞，在紙上寫下不同的數字。香支的原料是扁平的桂竹，裹上不同成份比例的香粉之後，就形成每支香獨特的味道。父親常說，香粉是製一支好香最關鍵的部分，他總隨身帶著一橫條小本，裡頭翔實地記錄著每次不同種類的香支所需要的香粉比例，等香粉配製完畢後，他便開始替香打底。

打底之前，父親會先將一大把香支直立，確定長度一致後，再將三分之二的香支浸入水缸裡。數十秒後，便俐落地甩掉多餘的水分，將香平放在紅墊上，他快速地將其分為兩堆，用手進行簡單的梳理，再放入黏仔粉裡來回滾動，使其方便沾染香粉。這樣的動作一來一往，總共得進行三次，打底的工作雖然看似單調而平凡，卻需要全神貫注、聚精會神才行。

接著，父親會拿著篩網讓香粉快速過篩，他順手在鬆軟的香粉中鏟起一畚，細緻的粉末便透過篩網，順勢跌入一只土黃色的大鐵盆中，落下的細粉形成扁平的山丘，像一座散發著薰香的土黃神祕沙漠。

他用手撥起一把粉沾上香支，香支在手中不斷轉動，讓其呈扇狀展開，像古代人掄紙扇一般，使香粉均勻散在香支上的每一處，同時也抖落多餘的粉末，以免香腳彼此黏在一起。父親是掄香的箇中高手，控制力道的功夫了得，做出來的香支總是裹粉均勻，粗細一致，頗受外界好評。

手工製香的難度高，成本也高，但做出來的香支裹粉均勻，外觀精緻，點燃後聞起來的香氣也較天然。等父親將香腳染上一段桃色後，母親會帶著美桂將整櫃香推去室外，頂著滿頭烈陽，像插秧般地彎下腰，披架鋪曬香支。製香業跟農人一樣看天吃飯，雨天不能曬香，陽光太大又得擔心香身乾裂。

矮平的鐵架上頭，一次可曬好幾百隻香，冬陽微篩入隙，光影在地面上細密成間，美桂與父母親一同坐在門檻上，望著一整片香支在太陽下閃閃發亮，空氣中飄散著一股清雅的木材香。一想到這些香，不久後就會被許多形形色色的人握在手裡，小小年紀的美桂便覺得興奮不已。

父親日復一日地工作著，身上的白汗衫早已被香粉給染成一片赭紅，寒冷的冬天，

他僅加件黑色大夾克，騎著家中那台老舊的鐵馬到布行訂製新布料，為的是讓小孩在除夕那天都能穿上新衣，而自己的汗衫卻始終捨不得買新的。老有人勸他，店主該買件像樣的新衣，父親總自嘲笑答，這染紅的汗衫外面可買不到。

§

晃眼幾十年過去，美桂不再是當年梳著辮子、成天玩鬧的小女孩，記帳、估貨樣樣行，是父親最倚賴的生意幫手。台灣的經濟也如剛起跑的百米選手，正奔向不可預知的未來，中南部加工出口區紛紛成立，加遽了工業化的腳步，大量機械取代人工，使傳統的製香業面臨嚴峻的挑戰。

鎮上其他的製香工廠紛紛運進一台台機械巨獸，鎮日轟隆隆地狂吼，吞噬了傳統技藝。香支在轆筒裡滾動，血淚在獸身中不見天日，唯有老廟宇依然聳立，裡頭不曾間斷的香火，就像什麼事也沒改變過。

面對機械競爭，父親仍堅持手工製香，最後乾脆把所有技藝不藏私地傳授給廠內的製香師傅，卻還是挽留不住日薄西山的工廠。夙昔趕工做香的盛況不再，空蕩蕩的曬香架上，變成了烏鴉的暫歇地，淒厲地嘎…嘎…地不斷朝工廠裡邊叫著。

家人一致贊同父親出國走走，轉換心情，反正近年來香舖生意冷清，不需要太多管理人手，存貨也還齊全，大夥便催著父親到美國探視移民的大哥。

父女倆一同整理完行李後的隔天一早，美桂在客廳沒見到父親身影，猜想他可能出門去，但又見父親的鞋子好端端地擺在玄關前，便繞回房中瞧瞧。

床上的父親臉色慘白，直冒冷汗，美桂一摸他的額頭，驚覺燒得厲害，立刻開車送父親到醫院，從發病、住院到插管，一切都來得突然。在病床上，父親做了一場好深沉的夢，逕自走入香盤裡的迴旋迷宮，那夢裡緩緩升起的狼煙瀰漫在前方的路上，沒有人前來解救他，父親在迷宮的盡頭永遠地睡去了。

香鋪輝煌鼎盛的時光，就這樣與父親一同逝去，工廠裡的師傅們也逐漸老去，紛紛離開，手工製香的成本太高，兄姐也沒人願意繼承家中香鋪，一個個離開鎮上，到大都市求更好的謀生機會。

只剩美桂孤零零一人守著香鋪，這是她與父親僅存的連結，只要點起香，腦中便會浮出一幕幕父親生前的景狀，那賣力地流著汗水、灰濛濛的背影像霧一般的存在，她沒機會聆聽父親臨終前的聲音，僅能用這股香氣延續思念。

§

她明白，日子還是得過的，只是少了父親的農曆年，熱鬧得陌生。大街上熙來攘往，攤販們的吆喝聲接連不絕於耳，市集上的鮮紅色帆布棚揚眉吐氣地隨風飄盪，在天邊連成一線。美桂正忙著收拾曬盡的香支，一走到陰影處，冷空氣瞬間擁上，吹得美桂直發抖。她趕緊把香盤拾起，三步併作兩步地躲進室內，繼續整理附近廟宇的訂單。

店鋪後方的倉庫裡，堆著偌高的黃褐紙箱，父親過世後，只剩下幾個老師傅懂得手工製香技術，但現代人燒香敬神的方式日趨多元，環保意識也逐漸抬頭，香鋪生意

一把香的重量有多少？跟思念一般重，剛好。

一直不見起色，只能靠節慶的訂單，勉強打平收支。

架上十幾罐香粉一字排開，上頭貼著新山、老山、烏沉等字眼的標籤，美桂挪動身軀，踮起腳拿了罐放在高處的檀香粉，疲憊地拉了張籐編的栗色矮椅坐了下來。

她從塑膠罐中，用小匙舀了些香粉到桌香爐上，熟練地以指腹將粉末堆成一座小山，右手從抽屜取出一把打火機輕輕點燃，縷縷輕絲逐漸飄散在空氣中，清沉的香氣開綻，如父親嘴角揚起的笑紋。

「阿桂姐！」突如其來的呼聲，把她身上的睡蟲全給嚇跑，只見一位魁梧壯漢從遠處走來，手上還牽了個戴著毛線帽的小男孩，她戴起老花眼鏡細看，原來是阿文伯的兒子耀德，美桂趕緊起身到店門口招呼。

「怎麼只有你跟小祐？阿伯怎麼沒來？」美桂一面摸著小祐的頭，一面問道。

「最近天涼，爸的風濕又犯了，我叫他別出門，等著我跟小祐來買香就好。」

阿文伯是父親長久以來的老客戶，雖然住在幾十公里外的鄉下，但因喜愛父親手工製作的香品，每逢月尾，總會帶著兒子耀德千里迢迢來香舖買香。

美桂第一次看到阿文伯，是在一個陰雨綿綿的午後。

那時候美桂還只是個高中生，下課後就來幫忙父親看店，阿文伯頂著一只大斗笠，直直走進店裡，黑雨鞋上還沾了不少泥濘。那時候的耀德，總怯生生地躲在阿文伯的身後，現在卻已為人父，不禁使美桂訝於時光的流逝。

阿文伯與父親兩人年紀相仿，幾次之後便成為無話不談的好友，小時候的美桂總覺得，買香只是一個阿文伯與父親見面的附帶理由，兩人每每話匣子一開就能聊上半天，外頭的天色也漸由亮藍染成一片閃耀的橘紅。

冬天一到，阿文伯的腳便因風濕僵硬、痠痛，連走路都成問題，無法親自來店裡買香，父親得知此事後，決定親自將香支送到阿文伯的家。不到清晨五點，便開著小貨車出門。幾袋香支父親卻大費周章地，花上將近兩小時的路程，送到顧客的手中，父親過世後，阿文伯談起此事，仍常感動地淚眼盈眶。

每次一聽阿文伯談起父親，她便像是更接近了父親一些，父女一同在香舖中相處的時光，像一團灰沉的陶土，在與老客人的談笑之間，不斷地揉塑細節，那些飛散的、飄盪的、瀰漫的過去一一歸位，最終化為一尊細緻的像，凝結在時間裡。

外頭開始飄起了綿綿細雨，耀德向美桂道了聲謝，一手提起香品，一手牽著兒子離去，兩人同撐一把傘步入雨中，逐漸化成微小的黑點，在路的盡頭隱去。

§

父親離去的那天，也是這樣的天氣。

有很細、很密的雨絲，與滲入毛細孔中的涼意。全家難得聚首的日子，卻已被兩種不同的世界分開，明明伸手便能觸及對方，靈魂卻離得好遠。姊姊撐開一把黑傘，護著雙手捧著父親骨灰罈的哥哥，美桂跟在後頭，腦中一片空白。

靈堂裡從香爐到香支，都由製香工廠的老師傅幫忙準備，被親手製出的香品送上最後一程，美桂猜想父親心裡應該是辛慰的。她負責最後一晚的守夜，許多父親生前的好友一一前來弔唁，恪守傳統的父親已然逝去，美桂成為舊習的傳承者。

以前她總是從父親手中接過點燃的線香，兩人一同跪在神桌前禱念，現在旁邊卻已然空蕩一片，悲傷無預警地降落在鼻頭上，喚醒了蟄伏在美桂心中已久那份真實的苦澀。

她點燃最後一柱香，跪下雙膝、雙目緊閉，在緩緩散去的白煙中，刻下心中的祈願，從香頂飄散的冉冉香霧，帶走了父親的身影，美桂糾結的靈魂也彷彿在其中得到解脫。

那些在父親雙手下製成的香支，是他存在過的證明。一直以來對手工製香的堅持，或許是父親的小小心願，希望自己的存在，能夠在點燃的每一瞬被想起，一柱香燃燒的時間，是思念的距離，線香灰落得越多，就離思念的人更近一些。

蘊藏在香支裡，那股沉雅素樸的氣味，是許多細長的思念堆疊而成的，這種氣味將在不同人的記憶中代代相傳，形成一股沉靜而強大的力量，足夠陪伴祭祀者度過生命裡的每一道難關。

美桂走到對街，望著聳立於稀薄天光之中的香鋪，這才發現屋簷邊緣的磁磚剝落了好幾處。雖然兒時記憶中，它光鮮亮麗的外表已全然褪去，在柔和的夕照下，卻更增了幾分古樸的韻味。

一直默默守護著美桂一家的香鋪，如今將由美桂繼續守護它的未來，那些流轉於其中的老時光，與來不及說出的道別，都將在裊裊上升的氤氳中，被上天祝福。

註一：舊時街巷常搭起棚子來遮陽、蔽雨，由於缺乏光線照射，因此稱此類街道為暗街仔。

數十年過去了，香鋪周圍的景物幾度物換星移，唯有艷陽依舊燦爛。

茶

琥珀歲月的結晶

圖文／楊佳靜　攝影／蘇冠心

知足是一種最回甘的茶葉，餘韻無窮，在日子中久久不散。

一下車，一股霧氣便迎面襲來，秋季午後的山頭陰涼極了，阿東忍不住打了個哆嗦，趕緊加快腳步，想找間店坐下來休息。平日的貓空，雖然沒有假日擁擠的人潮，但纜車站附近的茶莊裡依然高朋滿座。

近來纜車站附近的店家，紛紛興起一股歐式裝潢的風潮，裡頭更賣起咖啡與甜點，吸引許多年輕人到此喝下午茶、賞山景。一整條街走下來，喫茶室與咖啡店比鄰緊挨，門口站著年輕店員大聲地吆喝招攬顧客上門，從山菜到火鍋，各種五花八門的餐點應有盡有，看得讓人眼花撩亂。

但阿東卻沒什麼胃口，他只想找間店，好好坐下來喝杯茶。一個月前，他剛接手一份新工作，雖然工作內容還算有趣，但待遇比其他公司差了許多，周圍許多親友不停地遊說他轉換跑道，自己也起了想要尋找其他機會的念頭。這些日子以來，他正為了如何抉擇未來的人生而苦惱著，趁著休假的日子，便想到近郊山區散散步，一個人好好地思考。

一直以來，阿東覺得自己的生活天天都被一個「趕」字追跑，趕公車、趕上班，趕著吃飯、趕著完成工作，再趕著回家。白天到夜晚的時間總是那麼短暫，周圍的人群也隨著時間，一同分秒不歇地忙碌著，讓阿東無意間也開始學會催促自己，免得跟不上這城市快速的步調。

他依稀記得在童年的歲月裡，日子過得較現在漫長許多，不時還有一個人獨自對著天花板發楞做夢的時光。小時候的週末午後，爸媽常常帶著他到近郊的山區踏青，爬上頂端俯瞰整座城市，那壯闊的景色如今仍深印在他的腦海裡。

從以前到現在，山上充滿了許多種茶人家，沿途走來總會經過一排排整齊劃一的茶園。走累了爸媽便會隨意找家茶館歇息，往往點一壺茶，一家人就能待上一整個下午。

過去那些茶館總是隱身在山上各處，被靜謐的樹林環環相繞，一片綠蔭盎然，與現在集中在一條街道的新茶館差異甚大。那些與爸媽喝茶談天的時光，總讓阿東覺得時間的腳步突然變慢了，一口茶好似能喝上好幾個片刻。耳邊響著爸媽的談笑聲，阿東輕輕晃動著那黃澄清透的茶湯，讓底層少許的茶葉渣隨著水波浮動，就這樣盯著杯裡，靜靜地想著自己的事情，做自己的白日夢。

§

阿東迅速穿過一排排新潮的咖啡館與茶樓，盡可能地尋找與記憶中相類似的那種茶館。阿東越往山裡邊走，人群與店家便愈來愈稀少，周圍也越來越空曠寧靜。

他探頭往遠方眺望，一排排大樓密密麻麻的座落在山腳之下，宛如五顏六色的積木般，擁擠地疊放在一塊。看著遠方高架橋上川流不息的車潮，彷彿剛剛街道上的嘈雜聲還在耳邊，隨著周圍的涼風一吹，那些喧囂也逐漸隨之散去。

這路似乎沒有盡頭似地，綿延至遠方的深山裡，偶爾才有一兩台山區小巴士呼嘯而過。阿東肩上的背包隨著路途的前行，越來越沉重，雙腳也不禁感到疲憊。眼看著周遭景物越來冷清，連半點人影都看不見，他的心裡也開始著急起來，一顆心跟著逐漸往下沉。當他在路邊徘徊不前，正準備要折回原路時，前方卻隱隱約約傳來一陣悠悠樂聲。

阿東循著聲音前進，拐了個彎，一塊木製的招牌赫然出現在眼簾，與記憶中曾與爸媽去過的茶館有幾分相似。柵欄上頭綁著的喇叭，正撥放著台語歌曲，周遭還有一片高大的竹林。阿東鬆了口氣，呆望了一會，慢慢走進一旁的小徑，倏地穿越了彎曲的小徑，到了一處門牌寫著「茶舍」的屋前。

前腳剛跨進門內，便可以看見整面牆上掛著滿滿的獎牌，鑲了框的照片裡，站著留著一頭短髮、皮膚黝黑且身材結實的中年男子，他手裡抱著一張寫著「特種茶」的獎，露出燦爛且十分得意的笑容。在這晴朗的午後，店內卻絲毫見不到半個人影，阿東刻意不停地來回踱步，試圖讓店主人察覺到，這裡有個正在等待的客人。

屋內擺著三兩組木頭桌椅，桌上整齊的白瓷茶器與杯盤，彷彿正靜靜地等待迎接客人們到來。這幢屋座落在山坡面上，斜陽直接從窗口照了進來，阿東抬頭望向屋外，一片種滿茶葉的翠綠坡地便盡收眼前，和兒時回憶中的茶園一樣亮眼。

此時，一位穿著工作服、身材有些矮小的婦人從門外走了進來，向他打了聲招呼。

原來婦人是茶莊的老闆娘，圓潤的臉上堆滿親切的笑容。老闆娘先是問了阿東要泡什麼茶，又拿了張名片給他，名片上面有茶莊所種的茶葉名稱，還有茶莊主人的名字—李元喜。「好個吉祥的名字。」阿東心裡這樣想著，嘴角忍不住漾起一絲笑意，臨時起意想泡一壺當地最有名的鐵觀音茶葉來嚐嚐。

老闆娘先是拿了一小包花生放到他面前，接著走進旁邊的小房間準備熱水來泡茶。過了好一會兒，還不見老闆娘的身影，阿東耐不住性子，便想走出門外透透氣。他順著樓梯走到茶莊下方那片偌大廣闊的空地，一個打著赤腳的平頭大叔，正背對著他，跪在一匹鋪滿綠色嫩葉的大紅布上，手裡則不停地翻動著葉片。

阿東走向前去打招呼，只見大叔一手快速地從竹編的茶簍中，抓出一把把剛採收的生茶葉，另一手又小心翼翼地將其均勻地分佈開展在紅布上。「老天爺今天真肯賞光。」他抬頭咧嘴笑著，轉頭望向阿東，秋日的陽光灑落在那抹笑容上，讓阿東頓時感到一股暖意流過身體。那個滿足的笑容非常熟悉，好似和剛在屋內看到的一模一樣。

難得看見一個年輕小夥子，跑來自己這地處偏僻的茶莊，李老闆爽朗地與他問候了幾句，再接續手邊忙碌的工作。

阿東有些好奇地蹲在一旁默默地觀察，茶簍裡倒出來的茶葉，表面翠綠得發亮。李老闆告訴阿東，最近是採冬茶的時日，這兩天才剛採收完一甲地的茶園，看阿東似乎頗有興趣地盯著眼前的綠葉堆，李老闆便與他多聊了幾句，順道向他解釋採茶的過程。

李老闆告訴他，現在這個過程叫日光萎凋，要使茶葉原本包含的水分逐漸蒸散，讓日光將茶葉越曬越軟，待上面的生菁味消去，才能方便進行之後的步驟。李老闆一邊說著，手仍不間斷地翻轉著茶葉，讓每一片葉片都能沐浴在陽光之下。

等靜置一段時間後，茶葉還要拿進室內的曬架上，作室內萎凋，讓水分均勻地滑流到葉子兩端去，完成走水的過程。過四、五個小時才可以進行第一次的浪菁，浪菁指的是用雙手進行翻動的動作，讓空氣得以進入葉肉細胞，促進茶葉的發酵。

對李老闆來說，製茶不僅是一門藝術，更是一種生活態度。從種茶、採收到製茶，

剛採下的鮮嫩茶葉，還瀰漫著一股早晨山林的悠悠芬芳。

每個環節都不得馬虎，他很清楚每個步驟都對最後的成品有不小的影響，彼此擁有環環相扣的關係，牽一髮動全身，最終製造出來的茶葉，其品質好壞只要經熱水一泡，便能立見高下。

製茶的每個環節都需要長期的細心照顧，是求快不得的。李老闆深信，除了長年的經驗與技巧累積，製作好茶更重要的是用心。

在每個步驟的進行中，製茶師傅自身的心情與心意，是影響茶葉品質的關鍵所在，尤其是在炒菁後的揉捻過程，用雙手或腳將茶葉包於布球中揉捻，施力的大小，會影響茶葉的外型與品質，師傅的情緒會被揉捻進茶葉裡，好心情才能夠擠壓出最迷人的茶香味。不求多也不貪快，知足且誠心的態度才能讓茶葉的好品質永遠保持下去。

李老闆用雙手摸了摸茶葉，隨即熟練地將茶葉倒放在竹篩上，接著抬起竹篩，準備到樓上的簡易架，進行室內萎凋的過程。阿東跟在李老闆身後上了樓，發現剛才點的茶，已妥貼地放在木桌上，白色的煙霧從茶壺口不斷地冒出，阿東坐回原本的木椅上，準備品嚐第一口茶。

由於茶葉萎凋的過程，通常得耗上好幾個小時的靜置與等待，一旁的李老闆將竹篩安置好後，看了看茶葉，便坐到阿東對面的木椅上，和氣地表示要與他一起喝杯茶。阿東趕緊遞上另一個空茶杯，李老闆舉起茶壺，先是替阿東倒了杯熱茶，接著又示意他別急著喝。

「聞一聞吧。」李老闆要他舉起茶壺蓋，先用鼻子細細聞過，接著拿起自己的茶杯再嗅過一回。帶暗紅的金黃茶水中，有少許茶葉沉澱，竄上來一股濃郁醇厚、帶有焦味的熟果香。喝下去後，頓時感到茶味之濃重，甚至帶有一絲苦味，其餘香在唇齒間迂迴，久久不散。但頃刻之間，口中回甘，一股蜜香旋即沾染喉韻，同時讓人的內心感到萬分平靜，原本緊繃的情緒頓時緩和下來，阿東的身心好似經歷一場奇妙的旅程。

從來不懂得喝茶的阿東，突然著迷於眼前的這壺鐵觀音茶，想拋開原本的煩惱，放輕鬆地與李老闆聊天，好好地認識眼前這位如此悠然自得的茶莊主人。李老闆又說，等靜置發酵結束，晚上再準備把茶葉拿去炒菁，過一段時日再來，就能喝到今天採的秋茶。

採茶過程如此耗費勞力與時間，李老闆卻依舊不怠慢地細心處理著每一簍茶葉，讓阿東非常佩服。他突然好奇於李老闆和這茶莊的歷史，採了大半輩子的茶，卻依然能保持如此泰然的工作態度，讓阿東有些羨慕。李老闆喝了口茶，點燃左手的一根菸，深吸一口，吐出團團煙霧，娓娓地說起關於自己和茶園的故事。

§

李老闆的祖先從清朝時代開始經營這片茶園，因為周圍良好的水質與土壤，以及鄰近台北城的優勢，讓家族的茶園一直得以傳承延續。而自古以來，台灣人即好品茶，對於茶葉一直有穩定的需求量，此地的製茶業也因而遠近馳名，成為著名的茶葉生產地。當時茶園遍佈群山，茶葉產量驚人，成為台灣重要的出口產物。

他從小便在這座山上長大，以往天還沒亮就得爬起來，與兄弟姊妹繞過蜿蜒的山路去上學。平日放學後，就得去茶園幫忙，抓抓茶樹上的小蟲，閒暇時候則在附近的樹林裡玩耍、奔馳。等到採茶時節一到，一家人就帶著竹簍坐上小卡車，到分散山區各處的自家農地採收茶葉。當時採茶機尚未量產，全家人只能用雙手摘採，每當他坐上車子往回望去採收完的那片茶園，心中便有股成就感油然而生。

種茶的人通常也要會懂得品茶，李老闆的爸爸從小教導孩子們如何飲茶，除了帶領他們認識品種，也要他們懂得欣賞自己所生產的茶。不同的發酵程度、炒過的次數，都會讓茶葉產生不同的味道與口感。

生茶聞起來帶有新鮮的花香味，熟茶則帶有焦味以及更飽和的茶香。每當工作到一個段落，父親便會坐下來泡一壺自家的茶葉，轉開收音機，聽著電台放送的悠揚歌聲，一面觀賞遠方的山景，李老闆從父親身上學會如何在工作中品味人生。

李老闆回憶起年輕時，由於個性較內向，講起話不僅速度緩慢，一緊張還有口吃的毛病。但大多時候都在自家的茶園裡工作，倒也沒有太多與人說話的機會，每天在山上老實地做著自己的工作，生活不曾感到困擾。一直到父母過世後沒幾年，台灣社會開始經歷時代的變遷，讓他的人生步調也不得不跟著改變。

喝茶與種茶一樣，要不疾不徐，慢慢地細飲才能嚐到其中的曼妙滋味。

政府大約在民國八十八年左右，大力進行土地政策的改革，在各方經費縮減的情況下，台灣的農業逐漸邁入轉型期。歷經土地國有化、進口產品大量進入台灣市場等衝擊，再加上顧客的飲茶與消費習慣慢慢改變，光待在茶園裡努力工作已無法獲得足夠的利潤。少了中盤商收購，又受到西式飲食文化的衝擊，許多農民只得自立門戶，李元喜的茶園也不得不改變經營型態，開始向自產自銷的行列靠攏。

從幾十年前開始，李元喜的茶園開始轉型為有機的生產方式，有機茶園剛開始興起時，也是他剛接手家中茶業的時候。頭幾年，不灑藥、不施化肥的方式，讓茶園幾乎被蟲害侵蝕殆盡，整年收穫甚慘。

受蟲害影響，茶樹長不出好茶葉，在那幾年風災又特別多，日子過得非常辛苦。但更讓人難受的，是周遭親友指責的聲音，許多人認為李老闆毀了家族傳承近百年的事業，或是認定他過於怠惰，不肯花心思好好照護自家茶園，讓他無故背負了不孝的罵名好一段時日。當時的他有苦難言，溫吞的性格讓他把所有的苦悶直往肚裡吞。

即使所有的不順遂與接踵而來的壓力，一股腦兒地傾潮湧來，但他並沒有因此被擊潰。已經成家的他很清楚不能輕言放棄眼前的事業，他不理會周圍的流言，選擇繼續堅持以自己的方式，腳踏實地的經營著茶園。

經過了好幾年勤苦的生活，有機茶園達成生態平衡，產量不僅開始越來越穩定，品質也越來越優良，不再有蟲害過度或生長不齊的問題。然而，好的茶葉也需要更多的客源來支持。

面對環境的轉變，李老闆決心踏出山上的茶園，為茶葉尋找主顧，經營自己的銷售通路。他毅然下了山，隨身攜帶著自己的茶葉罐，從旅館到品茶專家，他逢人便賣力地推銷，奮力地克服心中的緊張感，偶爾犯了口吃毛病，依舊放慢速度，努力地表達。他緩緩吐出的一字一句充滿真誠，加上近年現代人健康意識抬頭，有機食材開始受到重視，李家的茶莊過了一段時日後，終於慢慢建立起口碑。

對李老闆來說，採茶固然辛苦，即使常常摘得腰痠背疼，但滿山綠意盎然的景緻，總能讓人頓時心胸寬闊起來。在茶園裡，他可以恣意地掌握時間與進度，什麼時候該採收、該炒菁，一切操之在手，累了就坐下來喝口茶歇息。

對他而言，城市的擁擠與都市人飛快的步調，才是最讓他吃不消的，他跟不上周圍呼嘯而過的車輛和人潮，常常只聽見自己慌張與茫然的呼吸聲。但為了自己的茶園，李老闆仍選擇堅持下去。

如今，經過了長年的努力與付出，熟客也日漸多了起來，他們總會先買好幾包茶葉寄放在茶莊，閒暇時日便來山上泡茶聊天，欣賞煙雲裊裊的山景。

李老闆終於不用頻繁地往返於山林與城市間，能在自家的茶莊裡專注地工作著。偶爾他會與妻子、客人們一同談笑風生，或是在一旁，邊工作邊聽著熱鬧的嬉笑聲，與過去相比，整個茶莊生氣蓬勃多了。

原本口吃的毛病也不再犯了，近幾年自己的茶葉受到越來越多的肯定，使他產生了足夠的自信心。而自己也在這一路的變遷過程中逐漸適應，找到一份安心與歸屬感。現在的他最喜歡以茶會友，拿著自家的茶葉與陌生人共飲暢聊，也終於盼到了一個穩定的生活，在最熟悉的地方，繼續以自己的步調，過著滿足的日子。

李老闆與茶園的故事，在阿東腦中迴繞著，他訝異於李老闆的絕佳毅力與不屈不撓，或許一方面是李老闆本身個性使然，不曾怨天尤人，一個人悶吞下所有怨氣，踏穩每一步，耐心地等待著時機的到來。這樣一忍便是好幾年，最終靠著自豪的茶葉，累積了客人與自信心，讓原本被打亂的生活秩序，又重新回到軌道。

§

隨著爐火慢慢升溫，不一會兒工夫，爐裡的水便開始沸騰滾動。李老闆不疾不徐地觀察水滾的情況，再將茶蓋蓋上，用另一手打開鐵觀音的茶罐，悉心地挑出一小叢茶葉。在舉手投足間，都別有自己的一番風度，那讓人安心的閒適態度，是經過歲月的歷練和時間累積而成的。

鐵觀音茶葉呈熟透的暗綠色，還鑲著鋸齒狀的葉緣，甚是特別。因其經過多次發酵與繁複焙炒程序，茶味深且濃，回沖七次餘香仍在，非常耐泡，又有茶中高粱之稱。多層次的口感也讓許多人為之著迷，而李老闆說自己也最愛好此茶。

鐵觀音的茶葉耐泡，需要品茗時耐心地等候，每一泡都是一次新的感受，唯有靜靜等待才能享受茶葉的細微變化。阿東似乎可以理解李老闆為何偏好此茶，因為他自己是一個非常懂得等待的人。即使曾歷經許多的磨難與困境，他仍舊依著自己溫吞的步調，等待著辛勤守護的一切，開花結果的那一天。因此，也最能體會鐵觀音回沖後的滋韻。初飲那口茶所帶來的苦澀，與片刻後回甘於喉韻的蜜香，才是最叫人癡迷的香甜真味。

到了傍晚時分，阿東準備與李家的茶莊道別，臨走時看見老闆與老闆娘又帶著笑容繼續屋裡烘茶的工作。此時，四周的雲霧逐漸散去，秋暮低垂，讓山色又形成了另一種景致。阿東心想，李老闆愛上的大概就是高山那千變萬化的風貌，如同一壺好茶，蘊含了無窮莫測的萬千滋味，永遠不嫌膩。

回程的路上不知怎地，阿東的腳步輕盈了許多，他刻意放慢速度，望著遠方的夕陽美景，手中握著茶葉，似乎還嚐得到殘留在喉韻的淡淡茶香。他想起上午那個慌張憂愁的自己，他告訴自己，其實慢一點也無妨，總有一天，他會用自己的步調，走在一條最適合自己的路上。

歷經數千萬個日子的等待與付出，最終才有眼前這一片綠油油的美景。

肆、上映的時光總是短暫

玉蘭花

麻油

玉蘭花

被遺忘的夜晚

圖文／楊佳靜　攝影／蘇冠心

背著竹簍，打開頭燈，攀上棚架的最高處，底下開滿朵朵純淨白潔的玉蘭花，正對著整片夜空傾訴耳語。

「賣掉吧。」

文欽的右手緊緊握住話筒，左手搓揉著漸漸枯褐的白花，腦中思緒一片混亂。

話筒彼端的人聲依舊叨叨絮絮地說著，而文欽站在電話旁，呆立了半晌，一句話也沒回，直到手中那朵白花殘存的最後一絲清香，慢慢從指間的縫隙蔓延開來。他低下頭來，深深地吸了口氣，花香便竄進身體，更沁入心底，逐漸把他的思緒拉回到過去。

一切都是從老家門口，那兩棵又粗、又高大的老玉蘭花開始的。

文欽的曾祖父早期是家鄉的大地主，在北部山區坐擁大片土地，而祖父被分配到的，便是山頭上那一整片的山坡地。

坡地四周有綠山環繞，登上高處便可遠眺層層疊巒，而附近大片的田野景致遼闊、土地肥沃，處處綠意盎然，中間還有座大池塘，風光明媚。由於家中生活富足，不愁

生計，祖父平日又愛與朋友到處遊賞山水，在家閒暇之餘，祖父也開始栽種一些花卉作觀賞之用。

祖父在家門口種了兩株玉蘭花，玉蘭花身形細長，配上純白色的花瓣，頗受眾人喜愛。其最迷人的地方，莫過於它濃郁卻雅致的花香，微風輕輕一吹，總讓路過的人不時回眸，尋找這清香的來源，只要隨意在桌邊放上兩三朵，不一會兒便足以讓室內盈滿芬芳。

沒想到這一種，玉蘭花便陪著家族走過一世紀。

原本只供自家欣賞的兩株玉蘭花，在祖父的呵護下生長得奇好，也許是這塊沃地與玉蘭花的習性特符，加上濕潤溫暖的氣候條件，不僅讓灰白的樹幹越來越粗厚，枝枒更是越生越長。這些日益茂密的枝葉，逐漸構成一片網絡，密佈成蔭地籠罩家門口，彷彿成了另一個天然的屋簷。任由玉蘭樹恣意生長的祖父，某天抬頭一瞧，驚喜地發現這樹已長成四、五公尺高，想摘朵花，還得先架起由竹子編成的梯架。

過了一段時間，這兩棵玉蘭花竟在附近地區建立名聲，左鄰右舍最愛在樹蔭底下群聚，邊與祖父聊天、邊喝幾杯熱茶。縈繞四周的素雅花香伴著談笑聲，透著一派悠然自得的氛圍。每隔一段時間，便有人拿著幾斤麵粉、蔬果等作物，要來換取家中剛摘下的新鮮玉蘭花，先是幾朵花的量，之後開始論斤秤兩。後來又聽說城裡有許多人，特別偏愛這花的清雅香氣，讓祖父索性將整塊坡地都種滿玉蘭樹，平日僱了幾名佃農專門負責照料與收成，順理成章地展開起賣花的事業。

在父親滿二十歲那年，正逢國民政府進行土地政策改革，原本僅靠收租過日的地主們，除了部分土地被徵收之外，在佃農制度崩解後，紛紛開始學習下田耕作。而祖父的那塊坡地當然也不例外，為了保留早已經營有成的那片玉蘭花群，父親只得從頭學起，除了栽種、維護到採收，還需要翔實地了解花的特性與花期，任何細節都不能馬虎。

從收租的地主轉變成自行耕種的農戶，父親堅毅的性格並沒有被粗重的工作打倒，他就這樣努力地維繫著家族的產業，那些親自用雙手栽培出來的玉蘭花，日積月累所產生的情感，是任何東西都無法取代的。尤其是家門口那兩棵高聳矗立的玉蘭老樹，早已像是家族的守護神般，照看著整片坡地。

§

文欽從小就在這兩棵老玉蘭樹下成長，每每抬頭向上望，個兒瘦小的他便覺得老樹們好像又長得更高、樹葉也更稠密了些。從八、九歲開始，文欽與哥哥就得到花圃去幫忙，住家附近的鄰居也多是農家子弟，只是家裡種的作物，不是別人家裡常見的稻穀、蔬果，而是一大片潔白的玉蘭花。

父親在工作上的態度特別嚴格，兄弟倆絕不敢有絲毫怠慢，以免多挨棍子。記憶中的父親總是非常能幹，不曾聽他喊過一聲苦，每當他教導文欽跟哥哥有關玉蘭花圃的種種時，表情便分外認真嚴肅，平日調皮活潑的文欽，只要父親一聲令下，便不敢多吭聲。文欽的手掌上，到現在仍留有一條七公分的傷疤，是小時候摘花時弄傷的，彷彿時時刻刻提醒著他，要更加謹慎地對待這些花朵。

記得那是一個陽光和煦的假日早晨，屋外吱吱喳喳的鳥叫聲不絕於耳，文欽和哥

哥老早便被父親喚起，連片刻賴床的時間都不得擁有。他用冷水盥洗了一番，拍了拍依舊帶有睏意的臉頰，恍惚中突然想起父親嚴肅的面容，心頭一顫，隨即快步來到飯廳。飯桌上早已放著一大鍋白粥和兩、三盤小菜。他先是走到窗邊，倏地打開窗，刺眼的陽光便毫不留情的直射進房內，文欽眨了眨眼，又趕緊坐回到飯桌旁，從碗裡扒了幾口粥，又隨意地夾了幾片蔭瓜，吃得又猛又急，直想著要趕快到花圃幫忙。

老樹枝枒上的花苞，從幾天前的淡綠色逐漸蛻變成乳白色，稚嫩嬌小的花身，與狹長厚實的葉片相間，文欽看了看花的色澤，心想大概今晚就要收成了。此時哥哥的大手一拔，枯老發黃的樹葉，便趴搭趴搭地掉滿地面，父親說那些枯枝會分走發育中的新芽不少養分，花的香味和體型也會受到影響。

因此，對文欽家來說，拔枯葉是照料玉蘭花的一個重要步驟，也像是定期替這些花兒清理門面，讓長在樹上的葉子保持翠綠油亮的姿態。這些被拔落的枯葉倒也不無用途，它們是最佳的天然肥料，既節省又環保。

文欽一心想著要在中午前完成工作，免得等會兒得在酷熱的艷陽下受折磨。他探了探四周，卻早已不見爸媽的蹤影。

他爬上最高的支架上，一手握緊竹竿，一手撥開茂密的枝葉，滿山遍野的玉蘭樹和綠油油的田地隨即映入眼簾，原來爸媽已經帶著工具到坡地端繼續工作。光是家門前的兩棵老樹就夠讓人腰疼，更何況是一整片山坡的玉蘭樹，文欽加快速度地完成手邊的任務，心裡盤算著等會兒來睡個午覺，否則晚上的採收，鐵定讓他跟哥哥吃不消的。

§

傍晚附近農家炊煙裊裊，緩緩地飄進了文欽房內，窗外稀稀疏疏的鳥叫聲，伴隨著漸漸轉暗的暮色，他側躺在草席上，托著腮幫子往外望去，臉上感受到一絲涼風輕輕拂過。

廚房裡，母親正快速地翻動著鍋鏟，才不一會兒功夫，便聽見父親扯開嗓門要兄弟倆出來吃晚飯。「等等你跟哥哥先摘老樹上的，都採完了再到坡地來。」父親一邊夾著菜，一邊揮手吩咐著。兄弟倆默契十足的點著頭，此時屋外已是黑壓壓一片，微風拂過樹葉的沙沙聲，不時地從門外傳來。

等到附近的人家都熄了燈，文欽一家人才帶著手電筒與頭燈，準備開始採花。玉蘭花只肯在晚上才綻放它的美麗，因此夜晚是採收花朵的最佳時機。大家戴上頭燈，攀上高高的竹籐架，仔細翻開每一叢樹葉，深怕錯過了那些微微張開的白色花苞。天一亮，這些花朵便等著吐露它們獨有的芬芳，地上一籃一籃清理乾淨的花朵，準備被載去城裡賣個好價錢。

那晚，文欽看著不遠處正賣力尋花的哥哥，突發奇想地想跟他開個玩笑。文欽先是悄悄地繞到哥哥的身後，想裝神弄鬼嚇哥哥一跳。

沒想到哥哥突然一個轉身，文欽不小心，「哇！」地一聲便踩了個空，直直地往下墜，還扯下了幾根樹枝。幸好當時沒有攀得太高，爸媽急忙趕過來查看，文欽只覺得頭有些昏沉，手掌也被地上的碎石子刮出深深一道傷口，血流不止。

被狠狠地罵了一頓的文欽，從此再也不敢邊工作邊嬉戲了。爸媽要他休息幾天，但他卻閒不下來，想再攀到樹上去，享受山頭的徐徐涼風。受傷的幾個月裡，文欽只能跟著母親帶著採收剩下來的玉蘭花，拿到附近的廟宇或是市場裡去賣，母子在廟門口拿了兩個凳子，將新鮮的花朵一字排開，等待信徒光顧。他喜歡替這些花朵擺成盛開的蓮花狀，看著這些玉蘭花在盤中靜靜地等著信徒們買去，供奉給神明。

一圈圈素雅的玉蘭花環，和人們臉上恭敬的面容互相輝映。

六0年代台灣經濟起飛，社會進入高速發展的時代，國民的消費力一天天地增長，玉蘭花的生意更是蒸蒸日上。原本就受到台灣人喜愛的玉蘭花，其獨特的香氣配上素樸的形象，不僅深受婦女青睞，更成為祀奉佛像的熱門供品，時常供不應求。

北城裡有個中盤商李先生，總是固定與父親做交易，當時玉蘭花行情看漲，一年幾次的收成便足夠文欽一家人平常的生活開銷。他老是稱讚父親的玉蘭花品種純正，花香又持久，不像外頭有些添加了化學生長劑的玉蘭花，總讓人覺得少了原先那股典雅的香味。

文欽偶爾會在家中的院子中，撿拾幾朵被遺落的小白花，然後如獲至寶地將它放進口袋裡頭，三不五時拿出來嗅一嗅。他總愛用手撥開微張的花朵，仔細盯著花裡的每個細節，想著被柔軟的白色花瓣包藏的細小蕊頭，如何吐露出如此撲鼻芬芳的氣味，一邊搓揉著玉蘭花沉沉睡去。

§

到了國中時，文欽不僅得同時面對繁重的課業，每每遇到採花期，依然還是得晚睡早起。偏偏那些年，好幾個月都有溫暖的天氣，花朵生得多又快，每每採到半夜三、四點，隔天一早又得趕到學校去。每當文欽在課堂上不小心睡熟了，不免被懲罰一番。回到家後，爸媽看見聯絡簿上的紅字，不由分說又是一陣毒打。

文欽背上老是青一塊、紫一塊的，哥哥總會用手輕輕拍著他，告訴他忍一忍就過去了，但個性較為倔強的文欽，日子久了，心裡卻越來越跟自己過不去。只要採花期間多挨了揍，便會又悲又氣地對著哥哥哭喊：「不公平！不公平！」一向好脾氣的哥哥起先還會說幾句安慰的話，到後來也倦了，便任由文欽自個兒躲在被窩裡哭泣、咒罵著。那幾天，他每聞到玉蘭花的味道就產生一絲厭惡，直想著這樣的日子什麼時候能夠結束。

某天傍晚，剛放學回家的文欽看見好幾籃的玉蘭花擱在門口，推測大概是昨天早上沒賣完的花，爸媽只好把它們又載回家。這些花要是過幾天還是留在這兒，可能就要等著作肥料了。他看著門口成堆的玉蘭花，想到前幾晚的辛苦可能全白費，便感到幾分哀怨與憤忿。文欽把書包往旁邊一放，跪下身子蹲在花堆旁，伸出雙手，捧起一大把的玉蘭花。

想到這花讓他挨了這麼多的苦難，文欽心中便感到有些氣憤。他狠盯著這花堆好一會兒，「到底這味道有什麼好喜歡的。」文欽不服氣地嘀咕著。他一個勁地把臉深埋進一片白茫茫的花海中，用鼻子奮力地深吸了一大口，好像要吸乾這堆花的靈氣似的。

此時，所有的玉蘭花，毫不客氣地散發出濃烈得令人窒息的花香，經他這猛然一吸，全吸進身子裡，直衝腦門。頓時之間，他竟感到一陣迷茫，整個腦中盡被這些香氣給佔滿，從喉頭到鼻腔，嗆得他一時呼吸不過來。

「咳！咳！」文欽趕緊大力地咳了幾聲，把這些味道給咳出身體外，舌尖還殘留一絲苦味。文欽緊張得向後退了幾步，甚至帶點害怕地看著這些小白花，隨後快步地跑開，他想跑到一個再也聞不到任何玉蘭花香的地方，他真的厭倦這個味道了。

§

國中畢業後，文欽到外地的職校就讀電機科，埋首於機器零件和電線通路間，身上盡是電線焊接的焦味，還常混雜著難挨的汗水味。小時候，周圍的朋友常常說他身上總是帶著淡淡的清香，像自然從體內散發出的。如今，在職校這段期間，他再也沒聽過有人這樣說他了。

畢業後，他在電力公司找了份工作，繼續在外地討生活，離家工作了幾年，文欽倒也頗為習慣，只是偶爾見到坐在路邊賣玉蘭花的小販，便會掛念起家人、家門前那兩棵老樹、那片廣袤的山坡地，以及那股永遠與回憶緊緊相繫的味道。

某天公司的主管把文欽找去，吩咐他明日負責一處的電塔修建工程。回到辦公座位後，他翻開文件一看，赫然發現工程的位置，就在老家附近。下班後，文欽撥了通電話先知會家人，隔天便搭著清早的火車回到了久違的家鄉。當他慢慢地走在童年時期常往返、嬉戲的小路上，果園、瓜田通通變成了鐵皮屋和小工廠，烏黑的柏油路上電線桿林立，與周圍僅存的幾塊綠田地相形之下，反變得十分突兀。

穿過一叢低矮的竹林，通往老家的那條小路上，多了座黑色的鐵柵矮門，上面的綠色門牌有些歪斜，他輕輕地推開矮門往前，綠意盎然的山坡地在陽光下，顯得格外油亮透澈。田地上的秧苗隨著微風搖曳，一旁的池塘上，仍有幾片翠荷點綴，朝思暮想的老家景致盡收眼底。文欽的心情突然舒坦起來，只是遠方多了自己準備修建的那幾座巨大電塔與電線，把更遠的山頭美景給遮住了，實在有些掃興。

終於走到了老家門前，文欽抬頭望向老樹，深深地吸了口氣，彷彿是在與兩位老前輩打招呼，告訴他們自己終於回來了。他仔細一瞧，兩棵玉蘭花的樹皮已經斑駁，但頂上的枝椏生得更加茂密，竹竿搭成的支架依舊牢固，粗壯的竹竿充滿了兒時回憶，正當他想伸手撫摸一串低低垂下的枝葉時，背後便傳來哥哥厚實的嗓音：「快進來吧。」許久沒見面，哥哥變得更黑壯了，臉上也逐漸多了幾分滄桑。老家屋內的擺設依舊沒有什麼變化，只是多了台液晶電視在廳房中央。

年邁的父親坐在木製的躺椅上喝著茶，一看見文欽的身影露出驚喜的表情，然後微微地咧了嘴笑。文欽放下行李，握著父親的手坐下，母親也從廚房門口緩緩地走了出來。他仔細端詳著這兩張自己最熟悉的臉孔，才不過幾年的時間，爸媽頭髮卻早已花白，臉上的皺紋日漸加深，以往硬朗的身體也大不如前，連起身都有些吃力與顫抖。

正當文欽拿起茶壺要給自己沏茶時，哥哥告訴他那位李先生過世了，「現在只能靠我們自己想辦法把花賣出去了。」文欽有些詫異地轉向父親。父親嘆了口氣，緩緩地說出了這幾年家裡的困境。近幾年來，由海外進口的花品比例提高，以往台灣人偏愛的玉蘭花，也漸漸地被玫瑰、百合等等外來花種取代，像李先生這樣的中盤商也逐漸變少，花價行情開始變得混亂，失去市場原有的規律。

如今，賣花的生意越來越難做了，有時候採了好幾車的玉蘭花都賣不完，只得直接丟棄。此時，文欽瞥見站在角落的母親，眼眶裡似乎閃著淚光，哥哥與父親則帶著凝重的表情，屋裡陷入一片沉默。

他看著哥哥面帶疑慮的眼光，馬上就猜到他似乎還有什麼事情沒有說出口。窗外的布袋鳥無憂無慮地唧唧叫著，卻有股緊張的情緒在文欽的心裡打轉。「阿貴問我們要不要賣掉這塊地。」哥哥壓低嗓音悄悄地在文欽耳邊說著，語氣中有些無奈和憂愁。文欽轉過頭來，盯著哥哥的臉龐，一時間竟作不出任何反應。

§

隔天下午阿貴帶了幾包茶葉來到家門口，文欽便與哥哥挪了桌椅到外頭，三人坐下來泡茶聊天。一坐下，阿貴便開口直問賣地一事。「現在這年頭，當農民會餓死的。」他用誇張的表情搖了搖手，開始訴說他有多少朋友把家鄉的農地賣了拿去蓋別墅，全都大賺一筆，還留了幾棟給兒孫。

接著，阿貴不客氣地質問：「上次風災，你們家不是慘賠嗎？」去年強颱來襲，家裡東邊的坡地不敵風雨的衝擊，造成走山的情況，許多作物一瞬間被埋沒在泥漿之中。這種事要是在二、三十年前發生，隔天也許就有軍方派人來幫忙；但在現今的社會，農民只能自立自強，大環境的變遷，讓農民的生活越加艱辛。

阿貴滔滔不絕地說著，文欽只能默默地聽。這幾年他一直待在外地，對於老家發生的這些事，竟然都不知情，讓他頓時感到慚愧與懊惱。

不知什麼時候，嫂子帶著年幼的孩子從市場回來，正靜靜地在一旁給盆栽澆水。她不時地看向哥哥，又望向文欽，好似腦裡在思考著什麼。過了一段時間，依然沒有得到明確答覆的阿貴，便帶著茶葉罐準備離開，他告訴兄弟倆他要到台北一趟，有意思想賣地就立刻與他聯絡。

阿貴的身影逐漸走遠，文欽腦中還迴盪著剛剛的談話內容。他看著哥哥沉重的表情，以往和氣的臉龐掛滿了憂愁。文欽心裡不斷的思考著，要跟從阿貴的建議，還是再想想別的法子。可是現在這樣的狀況，還有什麼方法可想?阿貴說的話的確沒錯，附近許多原本務農的人家，都把地賣了，不是蓋房子就是搬到城裡去。也許賣掉了那片坡地，還可以保留這棟老厝，文欽不斷地盤算著，一股無力感油然而生。

那晚文欽獨自一人坐在門口歇息，他看著遠方閃爍的燈火，周圍的坡地寂靜地如同沉睡的嬰兒，只聽得見自己的呼吸聲。他突然想像以前小時候一樣，爬上老樹的頂端看看整片坡地。

文欽小心翼翼地來到竹籐架的梯子旁，輕輕地踩在底部的竹竿上，有些老舊的竿子發出了細微的摩擦聲響。隨著雙手一層、一層地往上握，文欽突然想起自己小時候有多麼的愛攀爬到樹頂上，在那次摔下來受傷之前，為了跟哥哥比收成的數量，他總是不顧一切地找尋隱身在樹葉裡的玉蘭花，有時甚至懸著一隻腳，只為了跨到更遠的枝枒上。文欽邊想邊抓緊最上面的竹竿，慢慢的爬到了樹梢頂端。

深夜的坡地，只剩下幾盞路燈與繁星照著，一圈圈的光暈反成了一種特別的景色，他跨坐在竹竿之間，心中感到無比的輕鬆。寧靜的夜晚，讓文欽紊亂的心情漸漸地平復下來。

他用手胡亂地撥了下周圍的枝枒，然後露出一抹微笑，在厚長的樹葉之中，一抹耀眼的白色赫然出現。文欽伸手撫摸那柔軟的瓣片，一絲冰涼感襲來，他小心地摘下這朵玉蘭花，把這朵花湊近鼻子旁，聞了聞，一股熟悉的感覺湧上心頭。剎那間，腦中突然一片清晰，全身也感到神清氣爽，那一晚，小白花在床頭伴著他沉沉睡去，就跟小時候一樣。

隔天中午過後不久，文欽坐在沙發椅上，直盯著一旁的電話。他又想起昨天阿貴不斷地問著他土地買賣的事，阿貴那時講得口沫橫飛，而自己也明白，那的確是能解決家裡經濟問題的一個方法。想到此他又不禁感到頭疼，內心的思緒再度被攪亂。

他佇在那好久，望著話筒，內心一陣徬徨。他拿起昨晚那朵玉蘭花在手裡搓揉著，清柔的花香逐漸飄進他的心裡，那些掙扎與紊亂，彷彿變得越來越遠。

文欽瞬間豁然開朗，他清楚地感受到自己的心意了。

「不會的，我們不會賣的。」文欽篤定而堅毅地對著話筒另一端說出了他的決定。此時早上外出工作的哥哥與嫂子，正好踏進家門。文欽掛上話筒，轉身望向他們，嫂子的臉上充滿雀躍，哥哥正準備告訴文欽，他們不希望把這祖傳的土地隨意賣掉。

原來全家人都有著相同的感受，一股強烈地使命感在內心呼喊著。

傍晚，全家人在飯桌上熱切地討論著這片玉蘭花圃的未來。嫂子說曾聽過有人多種了些其他作物，將家裡的農園開放給外地遊客來訪參觀，加減賺點門票錢。文欽則考慮拿出自己僅有的積蓄，開間小花店，自己來作買賣，不管未來會遭遇多少困難，為了這些玉蘭花，他願意賭上一把。此時，他看見爸媽的臉上，較前幾天多了幾分開朗，原本緊繃的雙頰，頓時之間也鬆展開來。

過了好幾年，在文欽到處奔走為花園尋找發展機會，及家人悉心的呵護與照料下，老家的觀光農園遊客越來越多。坡地上的玉蘭花經過定期的修砍，不再長成驚人的高大樹木，與人更親近了些。倒是被砍掉枝枒的樹幹，生得越來越歪曲，妙趣橫生的造型總吸引許多人駐足。

而家中在城裡的花店生意也日趨穩定，甚至有化妝品公司向文欽表達合作意願，希望能萃取玉蘭花精華來製作保養品。文欽每個周末都會回到老家，陪伴年事已高的父母親，順便看看花圃的狀況，偶爾興致一來，還會充當農園的解說員，為遊客們導覽一番。

文欽想起年少離家時，他曾是多麼想擺脫那股濃郁的香味；但如今，玉蘭花的氣味卻化作他心中最割捨不了的鄉愁。他知道他要和父親一樣，憑著剛毅不屈的性格，不顧一切地去守護家族的寶物。

前幾天有個電影公司的人與他聯絡，希望借家中那兩棵老樹做為場景拍戲。想到這兩棵老樹要拍戲了，他有些興奮地走到家門口，伸出手來想要摸摸粗糙、斑白的樹皮。突然一個聲響，小姪子凱凱從一根竹竿上蹦跳下來，「小心點，別摔傷了。」他忍不住喝斥著，凱凱有些歉意地看著文欽，用手遞給他一朵玉蘭花。

「這朵很香。」小姪子露出俏皮的笑臉。文欽接過花朵，握在手掌中，轉頭望向那片坡地。陽光輕輕灑落在綠黃葉面上，夕陽逐漸西下，一陣涼風來襲，老樹的枝枒隨風搖曳，帶來縷縷的清香，文欽打從心裡的笑了，他從來沒有感到這麼幸福過。

那一股淡淡的清香，卻是心中最放不下的包袱，值得用一輩子的時間來守護。

麻油／當一切歸零

圖文／蘇冠心　攝影／楊佳靜

過往時光被壓縮成腳下片片胡麻餅，在製油槽中，緩緩擠壓出一滴一滴，精煉過的家族時光。

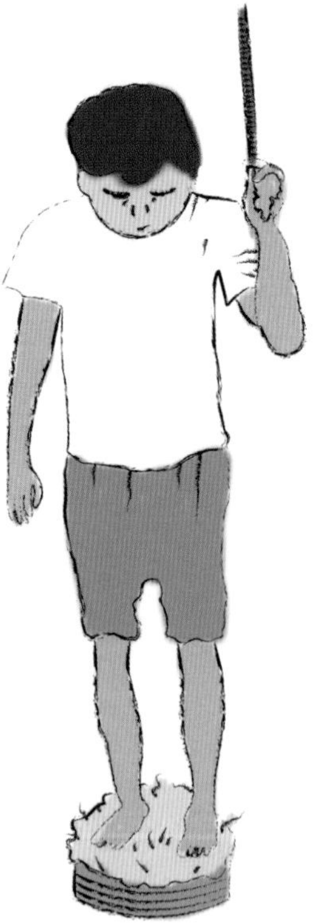

她記憶裡的冬天大抵上都是這樣開始的。一輛輛大卡車依序駛入廠前小路，掀起了陣陣黃沙，車上載著成堆飽滿的白麻袋，袋中裝滿新鮮的胡麻子。榨油廠的工人們卸下麻布袋後，一個個高高疊起，機器熱鬧地轟隆隆運作著，煉出一滴滴精製的麻油。濃郁飽滿的麻油香是她童年最難忘的滋味。

§

「扣摟扣摟扣摟……」，陰翳的冬日午後，列車緩慢地駛過一片片參差的灌木叢，葉片中的縫隙間依稀可見灰濛濛的海平面，沿途停靠的小站也都沉睡著，看不到幾個人影進出。平日下午的海線鐵路沿線，是極為安靜的，長大到外地工作後，靖返鄉的頻率也隨之減少，平時習慣車水馬龍的都市生活，一下子喧囂全被抽離，外頭靜了，心仍亂躁，無法適應過來。

整排塑膠皮的座位隨著車廂前進的頻率搖晃，火車靠著山壁忽然一個轉彎，把她的背包給掉到了地上，發出好大的聲響。她猛然醒來，連忙拾起背包，不經意地望向前方。眼前閃過各種景色，遠方的橋墩向海平面延伸，越過平野上聳立的淡彩煙囪，沿海的白色發電風車迎著風不停轉動，像連續播放的相片，一張接著一張地交替。

靖從小時候就愛看這些風車，隨風旋轉的速率時快時慢，就像這些年來自己的人生，選擇了什麼而飽滿，又因為放棄了什麼而空洞。旋轉的扇面後，有一塊壯麗的平原，西面是大度山，往山的斜方看去，便可看到散落在平原上的些許樓房。

一出站，迎面而來的寒風毫不留情地襲上，她拉緊頸上的圍巾，牙齒直打冷顫。風一過去，濃郁的麻油香隨即飄散在空氣中，家鄉以麻油聞名，這股暖烘烘的氣味，一直是鎮上無形的標誌。由於小鎮土壤多屬酸性紅土，地力貧瘠，先民為了適應地力，在荒埔上大量種植胡麻、花生等旱作。從她有記憶以來，鎮上就遍佈著不計其數的榨油廠，步行在街道間，麻油香氣四溢，行走其中都讓人覺得幸福無比。

車站前方的市街過了中午，便失了生氣，只剩下幾個攤位正在收拾善後，還有些小販索性拿張躺椅，便在路邊打起盹來，一隻褐黃色的土狗霸佔了整條街，直挺挺地闊步向前。筆直的大馬路上，只見零星的人潮，與路口那座香火鼎盛的媽祖廟內的香客，形成強烈的對比。媽祖廟在鎮上坐擁久遠的歷史，眾多信徒把裡邊擠得水洩不通，心裡各懷著不同願望前來虔誠膜拜。

穿越廟宇後方千迴百轉的小徑，便看不見高樓房了，只能見著遠方蒼茫的天色，轉過這根電線桿後，便是家中的榨油廠。綠鐵皮屋頂下，一台台機器正轟隆隆地狂吼著，她沒向家裡的人說過返家一事，當下決定給父親一個驚喜，於是躡手躡腳地走進廠裡。

偌大的榨油間裡，只有父親獨自一人忙碌著，他破損的工作服上，沾滿了黃油漬，手套也佈滿灰黑的油汙。父親耐心地將一個個鐵圈放入直立式油壓機的卡榫中，等二十六個鐵圈依順序疊上，機器開始轉動，麻油便慢慢滴落，跟時間流逝的速度一樣，彷彿油落下一點，父親便老去一些。

§

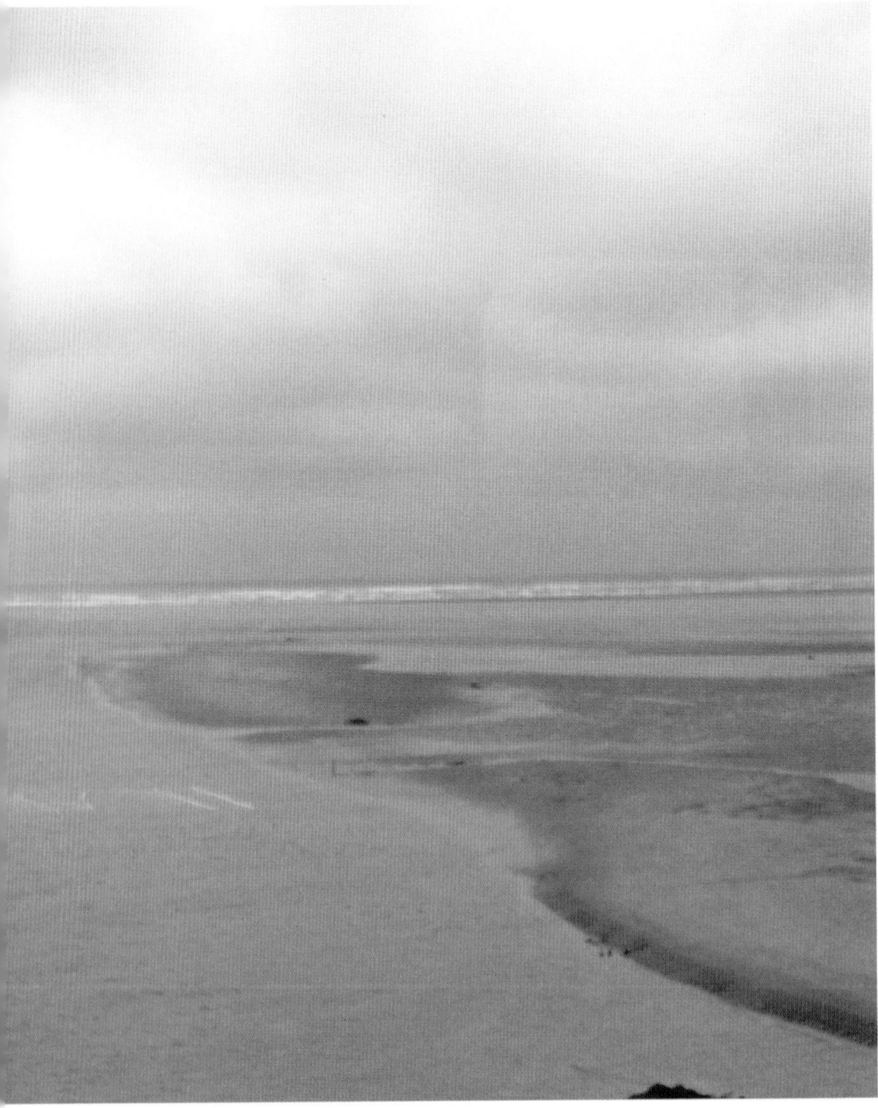

平靜的海面下，一股記憶浪潮正悄悄襲來。

當大雨落下變成流水的那一刻，便註定必須不斷奔流向前，像緩緩滴入生命中的時間，不曾為誰停留。

家族與麻油的淵源，得由祖父說起。祖父年輕時務農，當時南部老家最著名的作物便是胡麻，由於胡麻害怕濕氣、喜愛溫暖，因此必須種植在緯度較低的地方。而台灣南方四季如春、氣候宜人，是種植胡麻的上選之地。每逢胡麻產季，便能看到村子全體動員採收胡麻的景象。

但農民時常得看天吃飯，家中收入不甚穩定，逼得祖父得一人身兼兩份工作，每當太陽沉入海平面下，又得前往鍋爐工廠報到，一整天下來經常忙得不可開交。

某年家鄉的胡麻產量過多，祖父突然臨機一動，決定結合自己原先在鍋爐工廠習會的機械原理和長久務農的經驗，進口相關機器從事起榨油業。看上榨油廠的群聚效應，祖父決定帶著全家北上，來到這座位於海線的小鎮。

頭幾年還只是間在窄巷內的小型榨油廠，在鎮上缺乏知名度，加上巷弄狹窄，卡車卸貨不便，人力運輸成本也隨之提高。雖然街坊鄰居均不看好祖父的榨油事業，但祖父仍堅持要用台灣本地的胡麻，遵循古法，做出品質最好的麻油。

一日，突然來了個聲如洪鐘的老先生，說話飛快，直嚷著要找油廠負責人，宏亮的聲音迴盪在偌大的廠房中，字句都染了點南方鄉音。他的臂膀粗大，髮絲半白，眼角四周佈滿細紋，臉龐卻閃閃發燦。

祖父一聞聲，立刻從機器後方踱來，老先生嘩啦拉地逕自說開，話語又急又長，祖籍是廣西人的他，很早之前便與國民政府一同來台，在此地無親無故，生活過得寂寞而慌⋯⋯。

說到這，老先生停頓了一下，從襯衫左側的口袋掏出張被揉皺的便條，上頭的字跡雖然潦草，但依稀可辨。他問祖父是否能照著上頭的原料與步驟，製批與家鄉同味的麻油，因為那香醇的麻油味，是他來台幾十年後，僅剩與家鄉之間的回憶，臨走前，他原本洪亮的聲音突然一啞：「真的好想回家去呀⋯」

接下任務後，祖父每日待在工廠實驗配方，往往到三更半夜，從外頭還能看見工廠裡微弱的燈光。歷經三個月，老先生記憶中的麻油香終於成形，祖父也一併做為新產品上市，沒想到廣受大眾喜愛，工廠訂單量突然爆增，榨油廠的生意終於有所起色。

當祖父與父親在榨油間忙碌時，幼年的她便在廠裡繞來繞去，跑到父親面前要幾個銅板到柑仔店解饞，再咬根冰棒回來，站在角落看那透著香氣的胡麻，在鍋中反覆攪動。鍋底熾烈的火不斷衝向鍋底，室內滾滾白煙繚繞，等待鍋中的胡麻子達七、八分熟後，祖父便俐落地將其從鍋緣一併鏟起。

當祖父翻炒胡麻時，父母親則忙著將白麻布袋在地上鋪平，等待飽滿的黑胡麻炒熟後，均勻分散在袋上，再拿只大風扇對著直吹，等待胡麻冷卻，否則過度高溫的胡麻，在粉碎時便會溢出油份，榨油品質也會跟著下降。

粉碎胡麻後，便進入蒸煮的過程。蒸煮胡麻最注重的是溫度的控制，溫度太低便會壓不出油，而溫度太高會讓水份過多，榨不出好油，溫度控制得宜便可提高胡麻子的榨油率，也可一併去除其苦澀的味道。

早晨日光灑入廠房，亮晃晃的光線中瀰漫著昨日麻油餘香。

祖父堅持不進口機器，保留手工裝瓶的傳統，增加與顧客互動的機會。小時候她便常看著父親替麻油裝瓶。父親一手從油桶裡舀起一瓢油，一手利用漏斗精準地將麻油注入瓶中，待深褐色的液體慢慢充滿瓶中，濃醇的麻油香也隨之盈滿空氣。等到產季結束後，父親又會將一袋袋的麻油粕搬到卡車上，載去南部給叔公做為下一次農作期的肥料。

靖剛升上國中那年，祖父決定將榨油廠轉交給兩個兒子經營。小叔遺傳了祖父霸氣的個性，對廠內員工總是頤指氣使，但對外卻又舌燦蓮花，連平時不輕易稱讚人的祖父，都說他是塊商人的料。每當父親在工廠裡吃力地搬運著原料，能言善道的小叔卻在桌前翹著二郎腿，與電話另一頭的客戶閒話家常，當時靖常常噘著嘴，跑去找父親抱怨，父親卻始終不吭一聲，只是摸了摸她的頭苦笑。

相較於小叔，父親遺傳了祖母的性格。年輕時的祖母是街坊間相傳的美人，個性溫麗敦厚，卻因一場車禍早逝，所以兩兄弟可說是由祖父一手帶大的。父親從小話少，若別人不主動開口，他肯定只管默默地進行手上的工作，木訥寡言的性格常讓直率的祖父皺眉，對父親懷有不少怨言。

分家那天晚上，母親把靖與兄姐趕到房中，交待三人不可離開房中，但單薄的牆輕易地就被祖父渾厚的嗓音給穿透，三兄妹遠遠就聽得到祖父劈頭斥罵父親：「我看你做不到三年，就會去當乞丐！」

從門縫間，她窺見母親雙眼紅通通地，噙著淚水站在父親身後，父親背對著母親，低頭沉默不語，祖父什麼都沒多說，甩開椅子，便氣沖沖地跨著大步離開家裡。

§

那場爭吵後來成為了靖童年記憶的終點。長得越大，她越發現世界並不是個人一廂情願的以為，就能成立的條件句，付出與獲得從來就不是正比的關係。

從那時開始，靖不想要柑仔店架上的糖果罐了。日復一日，她專注地數著工廠架上的麻油罐，上頭的瓶罐數量越少，她越感到開心。她總想著如果鎮上人家的廚房裡，個個都是用自家做的麻油，炒出桌上各式美味佳餚，不知道該是多好的事情，一想到這兒，她的嘴角總會不經意地上揚。

剛上國中的哥哥，也一改愛打架鬧事的習慣，每天放學後便到榨油廠報到。他表面上彆扭嘴硬，咕噥著在學校無事可做，但看見哥哥在父親身旁學習的專注神情，靖明白哥哥嘴上不說，其實心裡怎麼樣也不想讓祖父看扁父親。相差八歲的姊姊，則是一肩扛起照顧弟妹的責任，好讓父母親專心經營麻油廠的事業，全家人有志一同為榨油廠打拚。

父親與小叔用抽籤方式，分去了原廠中的設備，原本的工廠交由小叔繼續經營，父親則自立爐灶，將工廠搬進了沿海的工業區。剛開始廠中配備不齊，全靠父親四處奔走各大工廠，一台台親自挑選回來。當時正值炎夏，父親的雙頰時常被曬得熱透，肌膚也紅得發燙，循著耳後在頸上留下斗大的汗珠。

夏天天氣燥熱，麻油的銷量也跟著下滑，但新工廠需要拓展客源，於是母親開始積極地嘗試挨家挨戶推銷自家麻油。她記憶中的母親，談吐含蓄而溫婉，但在推銷麻油的過程，她感受到母親不同於以往的一面。頂著外頭豔陽，母親帶著三兄妹奔走於鄉里之間，那直爽開朗的個性深受客戶青睞，也為父親接下不少訂單。回程的路上，四人的談笑聲被麻油飽滿的香氣給包圍著，母親身上快樂的氣息感染了她，對麻油的認同感也從此在她的心中根深蒂固。

當冬季來臨時，他們更是放棄了童年與青春，不喊一聲苦地默默支持父母親。父親的那台小貨車，再也不曾載著全家人出遊，取而代之的是一場接著一場載運胡麻的旅程。

記憶中，北迴歸線以南的冬天，有著夏天的亮度，卻不會照得皮膚發燙。早上從家裡出發，大約正午時分會通過嘉南平原一帶，高掛的太陽用小火煨著整片胡麻田，綴入翠綠的胡麻葉間亮晃晃一片。

一整片胡麻田的高度，幾乎快逼近父親的肩膀，轉進去就像身處迷宮似的。她與兄姐跟在父親身後，在田裡繞過一圈又一圈，終於見到正手持鐮刀、彎著腰割下植株的叔公。正午的陽光刺眼，叔公還必須戴起墨鏡保護眼睛，他的皮膚被常年的陽光曬

飽滿的綠色果實中，藏著許多細小的胡麻子。

成一片小麥色，黝黑得閃閃發亮。

胡麻一年可採收夏、冬兩次，夏天風災多，農民較無意願種植胡麻，因此冬天是胡麻收成的旺季，許多工人在田裡忙進忙出。叔公說中午時分最適合採收胡麻，因為凝聚在葉上的露水會被太陽蒸發殆盡，是最為乾燥的時機。

把握中午時刻，父親也帶著小毛頭一行人協助採收，靖望著女工將割下的植株修剪成相同的長度，放在地上立成金字塔型曬著太陽。胡麻的果實呈草綠色的稜狀，看起來小小的十分可人，等果實裡頭的胡麻子曬乾，敲落胡麻子後，便由父親運送回工廠代工製油。

越往田中間走去，叔公與父親交談的聲音越趨模糊，最後被淹沒在一片胡麻蔓草之中。她靜靜地望著瘦小的果實與波狀鋸齒的葉緣，想像裡頭繁多的胡麻子正與自己以同樣的速率長大，一沙一世界，每一顆胡麻子的背後，都有來自不同農家背後的故事，能夠將這些人的故事，化成綿延香醇的麻油香，成為另一批人餐桌上的美好記憶，是榨油業獨門的幸福。

§

父親陷在老躺椅中打盹，中午時分大夥各自四散歇息，空蕩蕩的廠內只剩下靖與父親兩人。她在桌前邊對著帳目，邊對挑高的天花板發呆，帶有沙質的風，越過工廠前的大馬路，從窗外鑽了進來，把樑柱上綁著的那條低垂的粗麻繩吹得微晃，這條麻繩以前被拿來輔助壓餅，外表看上去不起眼，卻是師傅們的最佳助手。

壓餅指的是將剛蒸好的胡麻，利用腳部力量的踩踏，縮小胡麻之間的縫隙，使其成為一個結實的圓餅面。師傅們會取出六個環狀鐵箍置於地面，將稻草鋪放在其中，再放入一張白報紙，倒入胡麻後再將稻草與白紙往內反摺，最後讓雙腳站在上方反覆踩踏，便完成壓餅的動作。

由於餅面凹凸不平，而鐵箍又小，為了避免踩踏時跌跤與增加施力，師傅們便會拉著垂下的繩索踏餅。剛出爐的高溫胡麻，往往還冒著熱騰騰的白煙，師傅們不怕燙，兩、三分鐘的時間就能壓好一個餅。過去廠裡生意好，為了趕時間，但師傅們的腳力

與胡麻餅分離後的鐵箍，在旁靜靜地等待下一個任務的到來。

奇快，有時為了用腳掌感覺胡麻餅緊實的程度，他們甚至不穿襪子直接上工，結束工作返家後，腳掌上的水泡總不客氣地一顆顆冒出。

而胡麻餅被送進榨油間後，會被一個個疊起，放入直立式的製油槽，等待油滴入桶中。榨完油後，師傅會用力敲打鐵框，讓餅體與其分離，才算完成完整的榨油程序。母親總會帶著她將榨出來的油二次過濾，萃取出油最精華的部分，最後把剩下的部分放在室內兩、三天，等待麻油粕沉澱置底，再拿來作為有機肥料。

令人懷念的溫暖麻油香，卻隨著時間，逐漸被各種新式的沙拉油給吞噬市場，鎮上原本林立的榨油廠，也因為生意轉趨清淡，一一關門大吉。鎮上幾家在夾縫中求生存的油廠，大都改由東南亞進口售價較低的胡麻來製油，只剩下父親一人堅持用南部老家栽種的胡麻來製油。

她突然想起，童年那片在陽光下閃閃發亮的胡麻田，與油亮翠綠的胡麻在風中搖曳的模樣，好久都不曾見過了。

這次返家已是製油週期的尾聲，待最後一批油榨完後，她幫忙父親一同用清水洗刷被油漬濺黃的牆面，準備迎接嶄新油季的到來。

廠中瀰漫著質厚香醇的麻油味，這股味道不僅讓舊時點滴記憶擁上心頭，也勾起了她心底的慾望，帶著情緒性的翻騰，當時年幼的她始終無法諒解，祖父對父親所做過的一切，一直到長大後，才越來越能體會父親的心情。

父親工作的樣子，與胡麻花垂垂蔫蔫的姿態極像，總是低著頭，像在等待父子之間的缺口補合。有些事過得越久，原先剝落的面貌越無法修復，一如父親從幼時體內始終隱隱作疼的傷口，在那夜的潰堤後，讓父親更無力面對父子往昔相處的場景，只好沉默以對那些無法抹滅的傷痕。

但受祖父那份希望做出好油的初衷影響，他咬著牙一路苦撐著家中的榨油廠，一生費力地堅守祖父的夢想，雖然一直得不到祖父的認可，卻贏得了全家人的心。家人們對父親的憐惜，進而化成凝聚家中感情的另一種能量，大家守護著這座榨油廠與祖父與父親的夢想，一家人同舟共濟，而父親給了他們乘風破浪的勇氣。也許父親不是一個最好的商人，但他永遠是最支持祖父的兒子。

驚蟄剛過，小鎮的春天來臨，田野後方的山脊鑲著茵綠，枯枝諒解了凍寒，大方接受了春泥的滋養，成片的胡麻田再一次開出喇叭狀的瑩白花叢。

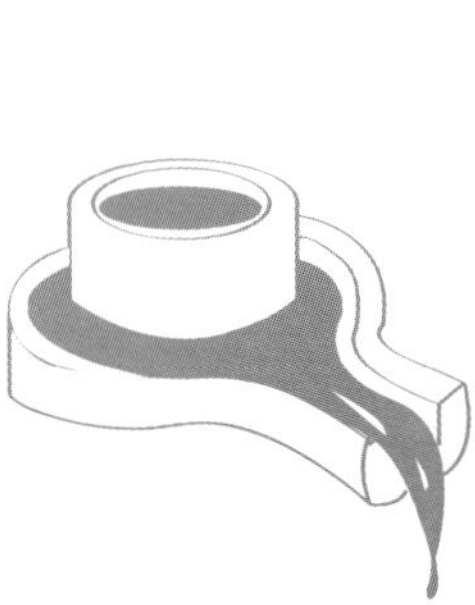

油亮翠綠的胡麻田，是童年夏日記憶裡，最難忘的風景。

後記

再回頭看，許多事的遠去，並不是什麼都沒留下。

一開始上大學，壓根沒想過自己能夠做出一本書當作畢業製作，也不知道這本書竟是我與四年大學生活告別的紀念。當我們把觸角從校園開始向外延伸，所看到的世界也更加寬廣，這次我們選擇自身平時不常觸及的領域，做為寫作素材的蒐集，用記者的方式提問，用文學的方式書寫，完成《氣味拾光機》這部作品。

與受訪者接觸的過程中，除了聽到許多動人的故事之外，我們也了解到，事實上許多氣味都是一種產業的縮影，是那麼真實地與日常生活緊密相連。也許外表看起來辛苦的事，在不同人的記憶裡，卻又具不同的象徵意義。隨著受訪者的語調起伏，我們也跟著跌入了他們的情緒之中，經過細細品味後，才寫出這一本回憶之書。

這不是一部完美的作品，卻帶有我們全心全意，希望與讀者分享的情感，曾經有

蘇冠心

作家說過，別人如何評價你的書，或選擇在書架上拿起來閱讀與否，對於創作來說都是其次的問題。再怎麼樣也比不上在那些無人知曉的時光中，你憑空想出了一段自己覺得：「啊，真好，真不賴。」的段落，我非常喜歡這個說法，也是這樣的念頭支持著我完成這本書的創作。

大四這一年，我們沒有白過，我們用屬於自己的方式跟過去告別。

後記

楊佳靜

許多人說我們這一代人是何其幸運的，擁有可以超越空間距離的網路、到處唾手可得的資訊和管道。隨手輸入關鍵字在搜尋引擎，輕易地就能看見海邊的夕陽、黃澄澄的稻田。但是我們卻摸不到海灘上細碎的白沙、聞不到田裡的稻香，只是在一樣安逸的環境裡，告訴自己我們好像體會過了。

張愛玲說我們對於生活的體驗往往是第二輪的，在這個時代裡，我們彷彿正漸漸習慣於失去對事物第一輪的感受與感動，總是不免感到懷疑，這樣還是一種幸運嗎？在決定寫下有關於嗅覺的短篇小說同時，我們開始實際的訪問旅程，再次拾回那些被忽略已久的真實感官知覺，不再流失與事物初遇的感動。

藉由這本書的完成，我們踏入各個不曾想像過的世界，聽見各個動人的故事與回憶。採訪是一件迷人的工作，在聆聽他人的同時，也不斷和內心的自己對話，收穫永遠比想像的加倍。比起冰冷的資料與網路圖片，實地深刻感受與體驗，更是難以去一一細數的，而旅途中認識的每一個人、相處的每一刻都顯得彌足珍貴，也為生命添加了不同的色彩。

每一星期搭著火車、公車，來到那些陌生的鄉鎮四處探路，敞開心房與那些素昧平生的受訪著促膝而談。過程中有過各種挫折、困難，想盡辦法跨過每一道阻礙，而這樣的日子，即使嘴裡常叨念著、抱怨著，卻也在無形之中一再地拉抬個人的極限，更可以感受到自身持續的茁壯與蛻變。創作過程中的孤獨與苦澀，最終都會轉化成另一股意志力，推動著自己向前。

這樣一路跌跌撞撞的來到旅途的結尾，心裡盡是滿滿的感謝。我很慶幸我們選擇出走，離開既有的環境來進行我們的寫作，看見許多一般人看不見的事物，獲得獨一無二的感動。過程中每個受訪著慷慨地分享，以及家人朋友無時無刻的支持，都是我們最重要的動力，讓我們能放心地用盡全力去完成大學生涯中重要的一場戰役。

「我們會變成什麼樣的大人？」在仍保有學生身分的最後這段日子，這句話已不再是充滿各種想像的疑問句。每段求學生涯都是一次次自我的蛻變，對於未來，我仍舊沒有肯定的答案，只是一再努力地希望能創造出更美好的藍圖，關於過去，只有滿溢且踏實的人生回憶。

一直記得電影裡的那句話：「留下什麼，我們就會變成什麼樣的大人。」

氣味拾光機

作者：蘇冠心、楊佳靜
出版者：國立交通大學出版社
發行人：吳妍華
社長：林進燈
編輯顧問：張維安
主編：張玉佩
執行編輯：程惠芳
封面設計：耕作室設計
美術編輯：耕作室設計
地址：新竹市大學路 1001 號
讀者服務：03-5736308、03-5131542
（周一至周五上午 8:30 至下午 5:00）
傳真：03-5728302
網址：http://press.nctu.edu.tw
e-mail：press@cc.nctu.edu.tw
出版日期：102 年 9 月初版
定價：280 元
ISBN：9789866301575
GPN：1010201604

展售門市查詢：國立交通大學出版社
http://press.nctu.edu.tw
或洽政府出版品集中展售門市：
國家書店（台北市松江路 209 號 1 樓）
網址：http://www.govbooks.com.tw
電話：02-25180207
五南文化廣場台中總店（台中市中山路 6 號）
網址：http://www.wunanbooks.com.tw
電話：04--22260330

國家圖書館出版品預行編目 (CIP) 資料

氣味拾光機 / 蘇冠心，楊佳靜作
. -- 初版 . -- 新竹市 : 交大出版社，
民 102.09
面；　公分
ISBN 978-986-6301-57-5(平裝)
1. 臺灣文化 2. 鄉土文化

733.4　　　　102015469